新媒体与认知传播系列丛书

和合还是竞争：新媒体中自处与共处的规则与经验

蒙胜军 王立刚 戴璞聪 冯 歆 编著

参与编写者
程佳仪 颜睿鸿 魏文韬 黄雨茜
徐 佳 尹 果 王佳欣

西安交通大学出版社
XI'AN JIAOTONG UNIVERSITY PRESS

图书在版编目(CIP)数据

和合还是竞争:新媒体中自处与共处的规则与经验 / 蒙胜军等编著. --西安:西安交通大学出版社,2024.12
.-- ISBN 978-7-5693-3960-4

I. G219.2

中国国家版本馆 CIP 数据核字第 202512159L 号

书　　名 和合还是竞争:新媒体中自处与共处的规则与经验
HEHE HAISHI JINGZHENG:XINMEITI ZHONG ZICHU YU GONGCHU DE GUIZE YU JINGYAN
编　　著 蒙胜军　王立刚　戴璞聪　冯　歆
责任编辑 赵怀瀛
责任校对 柳　晨
装帧设计 伍　胜

出版发行 西安交通大学出版社
(西安市兴庆南路 1 号　邮政编码 710048)
网　　址 http://www.xjtupress.com
电　　话 (029)82668357　82667874(市场营销中心)
(029)82668315(总编办)
传　　真 (029)82668280
印　　刷 西安五星印刷有限公司

开　　本 720mm×1000mm　1/16　**印张** 10.75　**字数** 162 千字
版次印次 2024 年 12 月第 1 版　2025 年 1 月第 1 次印刷
书　　号 ISBN 978-7-5693-3960-4
定　　价 75.00 元

如发现印装质量问题,请与本社市场营销中心联系。
订购热线:(029)82665248　(029)82667874
投稿热线:(029)82668133
读者信箱:326456868@qq.com

序言

Preface

伦理之道:新媒体时代的价值探索与实践指引

“若理性不存在,则善良无意义。”马克思主义者认为,伦理是人类社会发展的产物,是在特定社会生产关系和阶级斗争条件下形成的道德规范。在信息时代,新媒体的兴起给传播带来了翻天覆地的变化,对基于善念的理性化规则,也就是伦理原则的重要性提出了新的挑战。《和合还是竞争:新媒体中自处与共处的规则与经验》这本书的作者深度探讨了新媒体环境下的伦理规范和应用,并通过中西文化对比的视角启发与引领读者探索伦理与新媒体的嵌合与调试。

新媒体时代的伦理规则需要应用马克思主义理论进行价值反思与内核重塑。伦理学作为研究道德原则的学科,不仅关乎个体行为特征,更牵涉整个社会价值体系与行为规范。新媒体所带来的隐私侵犯、信息真实、道德责任等的边界模糊与认知偏差等问题,使传统的伦理规则失去了适用性与解释力。新闻真实需要人民立场,“饭圈”文化必须合理规范……凡此种种,马克思主义理论给反思和批评提供了理论依据和根本遵循。

新媒体时代的伦理理论需要中国传统伦理理论对其进行有益补充与体系再造。《了凡四训》中有:“若复精而言之,则善有真有假,有端有曲,有阴有阳,有是有非,有偏有正,有半有满,有大有小,有难有易,皆当深辨。为善而不穷理,则自谓行持,岂知造孽,枉费苦心,无益也。”中国传统文化中的性善论、性恶论、中庸思想、“和合”等,既是我们的文化基因与密码，又是个人自处与他处的规律与法则，对指导新时期的新闻生产和传播具有独特的意义和价值。

新媒体时代的伦理实践需要在知行统一、明体达用中不断发展。实践是检验真理的唯一标准，伦理原则必须贯穿于新闻传播实践中。经过实践检验的伦理规范才真正具有意义。新的实践给予了我们用于检验伦理规范的新的环境与素材，同时又为我们提供了新的机遇。

对新媒体时代伦理问题的破解需要一个理论积累与实践渐进的过程。实体是否需要虚拟化、网络化与数字化？器官延伸与感官补偿是否同在？《和合还是竞争：新媒体中自处与共处的规则与经验》这本书提供了以上问题的部分答案。这本书的作者不仅探讨了新媒体环境下的伦理问题，还从“第二个结合”的视角出发，深刻阐述了伦理规范产生的社会根源及其文化属性与历史演变，以及在新媒体时代应用伦理规范的方式方法。同时，更多的困惑与问题需要在建构中国特色新媒体伦理理论的路途中被解答。

愿本书能为读者开启一扇思考伦理与新媒体之间关系的智慧之门，引领读者探索更广阔的道德境界。

马　忠

西安交通大学新闻与新媒体学院

2024 年 12 月 31 日

目录
Contents

第一章

导论：何为伦理？
——中西语境的不同认知

伦理是指在处理人与人、人与社会和人与自然之间关系时应遵循的道理和准则，是一系列指导行为的观念，也是从概念角度出发对道德现象的哲学思考。它不仅包含处理人与人、人与社会和人与自然之间关系的行为规范，而且深刻地蕴涵着依照一定原则来规范行为的道理。

《韦氏大学英语词典》对伦理的定义是：一门探讨什么是好什么是坏，以及讨论道德责任与义务的学科。而“伦理”一词在中国最早见于《礼记·乐记》：“乐者，通伦理者也。”中西方的伦理学既存在共性，又具有各自独有的个性。

第一节 基本概念

一、何为伦理，何为伦理学

1993 年 2 月 12 日，在英国利物浦，这天下午，丹尼斯·巴尔杰(Denise Bulger)女士领着她 2 岁的儿子詹姆斯·巴尔杰(James Bulger)出门采购。15 时 40 分，就在这位母亲去收银台缴费的空当，她发现原本站在肉铺前的孩子不见了。心急如焚的母亲立刻通知了警方，警察隐约在不太清晰的监控录像中看到，小詹姆斯在 15 时 42 分被一名大孩子牵着带出了购物中心。录像中，一个男孩拉着一个刚刚学会走路的孩子的手，两人前面不远处，另一个男孩在领路，看上去像两个哥哥领着弟弟在商场里玩耍。一路上他们对哭闹的小詹姆斯拳脚相加，其间有人看到哭泣的小詹姆斯，好心告诉他们警局的方向，不想他们却朝相反的方向走去。这个路人并没有坚持，她觉得大概是两个哥哥在照看弟弟。后来播出了案情，这位路人非常悔恨、自责，她表示“真希望当时我付出了行动”。

后来，当他们带小詹姆斯进入一家宠物店时，店员对他们起了疑心，不让他们离开。这本是小詹姆斯获救的最后机会，不料这时街上突然着火，两个恶童趁乱牵着小詹姆斯溜走了。自此，他们不再漫无目的地闲逛，把小詹姆斯带到了铁道旁，他们往他的脸上抹涂料，拽掉他的鞋子和裤子，搬起石头砸他、踢他……2 岁的小詹姆斯就这样被虐待致死。警方还发现他的直肠曾被塞入两节电池。他死后，两个恶童还把他的尸体放在铁轨上,用石板盖在他流血不止的头上,希望火车碾过来制造事故假象……

至此,小詹姆斯失踪案正式转变成一宗恶性谋杀。警方立刻对嫌疑人进行了盘查:首先由小詹姆斯的父母开始——通常幼儿失踪,父母都会首先被列为嫌疑人,不过现场监控显示,这一切都是那两名恶童所为。

整个笔录调查过程充满了艰辛与困惑。两个孩子否认罪行,并分别在警察面前表现出各种丑相:哭闹、情绪失控、捏造案情、贬低对方甚至互相推诿指责……但面对衣服上小詹姆斯的血迹,以及在案发现场留下的指纹,他们无法再逃脱罪责。

这一年,罗伯特和乔恩才只有10岁。在英国,10岁的小孩已经可以面临刑事指控,但是英国法律规定,在结案之前,不允许媒体报道涉案儿童的家庭背景和姓名。所以,英国的媒体用儿童甲和儿童乙来指代他们。

但是,美国报纸的做法却截然不同。在报道中,直接披露了两名儿童的姓名、家庭情况等一系列信息。

从法律上说,探明作案动机是处理案件必要的法律程序和步骤;而从对社会产生的普遍影响的角度来看,探究导致10岁男孩犯下如此恶劣罪行的原因,对社会大众具有教育及警示意义。对本次案件进行追踪报道具有十分深刻的新闻价值与现实意义,这也是新闻媒体应当承担的责任和义务。

最终的事实也证明,两个涉案男孩均来自"残缺"的家庭,生活贫困,且有偷盗和暴力倾向。乔恩因为家庭破裂以及兄妹智力发育欠缺而遭遇冷落,容易听从别人引导,别人命令他做什么,他一般都会照做;而罗伯特6岁的时候,父亲和另外一个女人私奔,留下29岁的母亲独自抚养七个儿子,罗伯特是七个孩子中的一个,罗伯特在"老欺少、大欺小"的大家庭中受尽欺侮。

1999年,欧洲人权法院(European Court of Human Rights)介入,认为两个少年犯遭受了"不公正待遇",应当予以重新定夺。2001年,两个孩子提前结束了牢狱之灾,以全新的受到严格保护的匿名身份回到社会。这和美国的"联邦证人保护计划"的操作方式类似,新的身份,新的住址,新的生活……他们还可以根据需要要求得到警方的人身保护。不过法庭要求他们断绝彼此之间的往来以及与小詹姆斯家的往来,并且不得返回默西赛德郡(案发地)。

同时,英国内政部修改法律,禁止两个孩子把自己的故事卖给出版社、电影公司以获取利润。此外,英国2001年出台了一项新法令,禁止媒体揭露任何使他们身份曝光的信息,这遭到英国媒体的强烈抗议,也引起了社会公众的普遍不满。

在对上述案件的报道中,根据英国法律对未成年人的保护条款,在结案之前,不允许媒体报道涉案儿童的家庭背景和姓名,这引起了社会公众的普遍不满。于是在临近审判时,出于外界压力,主审法官同意将两人的姓名公之于众。但是,美国媒体的做法却截然不同,在报道中,直接披露了两名儿童的姓名、家庭背景等一系列信息。最终两个国家的媒体针对这一事件,采取了相同的报道措施,将两名儿童的姓名及家庭背景进行了详尽的报道,这是因为本次案件与以往的儿童犯罪性质不同,该案件触及了大部分公众的伦理道德底线,性质恶劣,于是公布信息获得了社会共识。

2010年4月,乔恩已年满27岁,他因为违反假释规定而被警方拘押。小詹姆斯的母亲对此事很上心。她在网络上发布消息说:“想让大家知道乔恩·维纳布尔斯今晚待在他应该待的监狱里,这样对我儿子才是公平的。”于是英国广播公司对其进行了评论,认为不应该对乔恩,也就是杀人犯过早释放,但也有一些评论者认为“只有宽恕才是合理的”,而案件的主审法官则认为这个罪行是“史无前例的邪恶与野蛮”。

通过以上发言我们可以看到,无论是英国媒体,还是美国媒体,也无论是受害人母亲、英国广播公司,还是法官,都需要依据一定的价值标准对事物对错做出评判,从而产生不同的报道形式与发言内容。我们把这种关于“对与错”的评判叫作伦理,把关于这些评判的理论化的知识和方法称为伦理学。

“伦理”一词来自希腊,它是英文“ethic”的汉译。希腊人将哲学世界分为三个部分,分别是美学、认识论和伦理学。

伦理学是关于道德的科学,又被称为道德学、道德哲学。在西方,伦理的本意是“本质”“人格”,也与“风俗”“习惯”等相联系。古希腊哲学家亚里士多德最先对伦理进行定义，其所著的《尼各马可伦理学》一书为西方最早的伦理学专著，该书中的理论亦是20世纪下半叶以来西方德性伦理学复兴的中心模式。在古代中国并没有“伦理学”一词，但中华民族自古就有自己的伦理学，只是它的表述方式有自己的特色。

有关这类问题的思考和讨论，早在先秦时代就有了明确的表达，即“人伦之理”。汉代开设的“大学”“小学”教育，虽然是按适学年龄划分教育阶段，但就其教育内容和宗旨来说，它不仅是祖传的伦理道德礼仪教育之学，还是“治国理政和育人之道”，即学习并践行伦理、道德、礼仪的学问。

朱熹在《经筵讲义》中说：“古之为教者，有小子之学，有大人之学。”所谓“大人之学”，主要是指穷理、正心、修己、治人之道；所谓“小子之学”，就是洒扫、应对、进退之节，礼乐、射御、书数之文。前者涉及穷理治世，后者涉及文字和应对礼节。虽然两者的内容和学问层次颇为悬殊，但都在伦理、道德和礼仪的范围之内。古代设立学校以教天下之人，小学是大学的基础，大学则要培养如荀子所说的“成人”——“生乎由是，死乎由是，夫是之谓德操。德操然后能定，能定然后能应，能定能应，夫是之谓成人”。“成人”就是有觉悟、能担当的成熟的人。教育的主要目的，是除去偏于个人物欲之弊的品性，复其善性而尽其人伦之理。不难理解，所谓“大学之道”，其主旨就是使人从小到大，逐步通晓并践行“人伦之理和为人之道”。这“人伦之理和为人之道”，就是中国几千年传承下来的伦理学或道德哲学①。

学习伦理学意味着学习善与恶，在合乎道德的正义行为与非正义行为之间做出理性的抉择。学习伦理学还意味着对若干个可能合乎道德的正义抉择进行区分，以做出更加合乎道德的选择。

前文所述案件放在中国的语境下会如何进行报道，这些问题都需要我们依据伦理学中的相关理论知识进行分析与评判。

① 宋希仁.中国传统伦理学的特点[N].光明日报，2019-07-08(15).

二、伦理与道德

从语言学的角度讲,“伦理”的“伦”即人伦,指人与人之间的关系,“理”即道理、规则。伦是人或事物的外在形式;而理则是事物的内在,即规律、实质,以及本来的内涵。所以,从汉语的角度讲,伦理学是关于人或事物的外在表现与内在规律两个层面的学说。伦理学要教会我们的是关于外在形式上的正确与内在规律上的理性的规范性的东西,这些外在形式上的正确与内在规律上的理性就是道德。

社会生活中的人与人之间存在着各种关系,如生产劳动中的关系、亲属关系、上下级关系、朋友关系、同志关系、敌对关系等,由此必然派生出种种矛盾和问题,这就需要有一定的道理、规则或规范来约束人们的行为,调整人们相互之间的关系。道德就是调整人们之间相互关系的行为规范的总和,而伦理学就是研究道德的学问。

用更精准的语言描述,张传有在《伦理学引论》一书中认为:伦理学是研究人们的道德现象的发生、发展以及各种道德原则与道德体系,进行理论上的确证的学科。从这里我们可以清晰地辨认,“伦理”并不是“道德”。

那么,“伦理”和“道德”的区别是什么?

第一,作为日常用语,“伦理”更具客观、外在、社会性意味;“道德”则更多或更可能用于个人,更含主观、内在、个体性意味。道德是伦理的载体和形式,伦理则构成了道德的基础和前提。

第二,作为价值本体,伦理的核心是正当(适当、合适、合宜等),而道德的核心则是善(美德、德性等)。

第三,作为规范,伦理具有普遍性,道德则具有独特性。

第四,作为评价尺度,伦理的尺度是对与错,道德的尺度是好与坏、善与恶。

所以,我们通常会近似地说,伦理是关于道德的科学。

伦理学以道德现象为研究对象,不仅包括道德意识现象(如个人的道德情感等),还包括道德活动现象(如道德行为等)以及道德规范现象等。伦理学将道德现象从人类的实际活动中抽分出来,探讨道德的本质、起源和发展，道德水平同物质生活水平之间的关系，道德的最高原则和道德评价的标准，道德规范体系，道德的教育和修养，人生的意义，人的价值和生活态度等问题。

在伦理学中，最重要的是道德与经济利益、物质生活之间的关系问题，即个人利益与整体利益之间的关系问题。对这些问题的不同回答，形成了不同的甚至相互对立的伦理学派别。

简而言之，广义的伦理学应该包括描述伦理学、规范伦理学及后设伦理学三支。狭义的伦理学或道德哲学只是指传统哲学所涉及的规范伦理学。不过，在涉及专业伦理学或应用伦理学的讨论中，描述伦理学所谈的事实陈述及后设伦理学所谈的概念分析、逻辑分析都不是焦点。研究焦点主要围绕规范伦理学，即"什么是应该的"。伦理与道德皆指涉某种规范系统，若严格加以区分，则伦理偏重于社会的层面，道德偏重于个人的层面。不过，在一般使用上，二者经常被视为同义词，有时更被连用为"伦理道德"。

伦理道德专属于人文社会科学，它表现人类加诸彼此及自身的规范与评价，在非人文的自然世界及动物世界中均用不上这类概念。唯有人类能够为自身制定一些应然的标准，并且同时具有达到这些标准的能力以及违反这些标准的能力。伦理道德即以某些应然的规范及标准为基础，人们由此而展开对彼此及自身的要求与评价，其中涉及社会层面的是责任问题、赏罚问题，涉及个人层面的是德性发展历程。

三、新闻伦理中的困境

在上文中我们已经讲过，道德关乎个体行为规范。当个人所遵循的道德体系中的因素存在矛盾或者冲突的时候，如何评判就成了现实问题，而伦理学的作用正在于此。当一个道德体系中的因素相互冲突时，伦理学就开始发挥作用了。也就是说，伦理学是一门教会我们如何评判个体道德行为对与错的学科。

显然，伦理学重点涉及对"冲突"的评判与解决。在伦理学中，把这种"冲突"称为伦理困境，而把应用伦理原则做出最后判断，称为"伦理抉择"。

哲学家康德(Kant)就描述过一个著名的伦理困境:当一个男人持枪来到你家门前,问另一个人在哪里(那个人正藏在你家壁橱里),来的人想杀了他要找的人,你应该怎么办?你是撒谎,还是说实话?撒谎的话,犹太教与基督教的教义都认为不可以。而要说实话,则另一个人必被杀害。犹太教与基督教的教义都认为杀戮不对。所以,这个时候,出现了一个矛盾:怎么做呢?我们此时就需要应用伦理原则做出抉择。这一对矛盾,就是伦理困境,而怎么做出选择,则是伦理学所应关注的核心问题。

在当今繁复多变的社会环境下,公理、正义、真理的衡量标准都经受着巨大的考验。在新闻传播领域,普通个体的伦理要求与新闻工作者的职业要求经常会发生冲突,甚至形成了一定的困境,这也可以被视为一种伦理困境。比如,记者在地震现场,是先救人,还是先拍摄?如果选择救人,会在一定程度上耽误记者的本职工作;如果记者进行拍摄和采访,能够动员更多人关注灾区,但却可能影响对受害者的抢救。现实中的这些两难问题引发公众展开热烈讨论,也拷问着新闻工作者的综合素质和职业道德。这就需要新闻工作者在伦理规范的两难中寻求平衡。

新闻伦理属于职业伦理的一种,是指从事采访、报道、编辑、出版、播放、经营、管理等新闻传播活动的人在长期的职业实践中形成的调整相互关系的行为规范。作为应用伦理的一个分支,新闻伦理调节着媒体与社会、大众之间的关系。它具有非官方和非法律的性质,是无强迫性的。对伦理准则的履行依靠的是新闻工作者高度的道德感和责任心。

新闻工作者在寻求真相的过程中,常常面临着选择的困难,需要区分善与恶、正义与非正义等问题,即面临着伦理困境。当新闻工作者的专业意识与责任意识产生冲突时,其便很难同时兼顾新闻伦理与社会道德的要求。如新闻工作者是否应该为获得一个重要新闻线索而采取暗访、欺骗的手段?依据非目的论者的理论,凡是以欺骗方式获取线索,在道德上通常都是错误的;但若用功利主义理论来理解,这一切又都合乎情理:新闻工作者的欺骗行为是为了公众利益。新闻工作者主要会在以下几个方面陷入伦理困境。

①新闻工作者的报道与他人个人隐私之间存在冲突;

②新闻工作者的报道与关怀伦理之间存在冲突；

③新闻工作者的隐性采访与诚实守信的道德之间存在冲突；

④新闻工作者的报道与司法独立性之间存在冲突。

当存在冲突时，新闻工作者如何进行选择，在何种情况下进行怎么样的价值取舍，成为新闻伦理研究者关注的重要问题，笔者也将在后面的专题内容中进一步探讨。

第二节　新媒体媒介伦理与研究方法

一、新媒体媒介伦理概况

当前，人工智能在新媒体中的应用广泛深入，加之物联网、大数据等技术的支持，人类社会进入智媒时代。信息内容生产与传播表现出显著的扁平化、大众化、平等化等特征，社会主体多元化、技术支撑多样化发展趋势愈发凸显。然而，由于应用过程中技术主导权不断增强，算法黑箱、唯数据导向等所引发的不良信息衍生、信息茧房等问题有所增加。在智媒时代，新媒体面临着新的发展环境、发展需求，在自身不断发展升级的同时，新媒体内在的发展逻辑正在发生深刻变化①。

现代媒介传播技术发生了巨大变革，人们的社会生活方式也随之发生了翻天覆地的变化。然而，在新媒体广泛渗透到社会各个层面以后，在媒体赋权的视域下，新媒体也赋予了广大媒体用户更大的权力，并超出了以往认知的权力掌控，媒体伦理失范问题也接踵而至。这使得新媒体传播不但消解了一部分传统的社会道德，也削弱了人的主体意识，导致现实中人际关系的疏远。因此，探析新媒体传播伦理缺失成因，构建新媒体传播伦理体系，已成为摆在我们面前的亟待解决的问题。

有关新闻传播的伦理问题一直是社会关注的焦点，它对社会生产生活产生了深远而直接的影响。传媒伦理事关社会道德价值建设，体现着传播学、伦理学等多个学科的交叉融合。传媒伦理首先是对人们行为善恶选择

---

① 郭海威，张守信．人工智能技术发展与新媒体伦理规制研究[J]．新闻论坛，2021，35(5)：95－97．

的系统性探究,其次也可界定那些构成价值与生活规范的被作为个体、群体或文化共同体所认可的原则性的东西。

目前,新媒体对人类社会的影响越来越深入,在新媒体平台上,因为传媒环境的改变,使诸多媒介道德事件呈现出与传统媒体时代不同的特征,对传媒伦理及其治理方式的研究也应该进行相应的改进和创新。在新媒体兴起的大背景下,传媒伦理学也得到了长足发展,产生了新的分支学科,比如网络伦理学,“它以网络道德为研究对象,主要探讨人与网络之间的关系,以及在网络社会中人与人之间的关系”。

在新媒体时代,困扰传媒业发展的一个难题是传媒伦理失范现象的出现。这种现象呈现出多元化、复杂化的特点,表现为在不同的媒介平台与传播环节,依据不同的标准能够进行不同的分类。既往学者从行为主体的角度进行概括,将其分为以下三种类别①。

第一,传媒从业者造成的传媒伦理失范现象。这与传媒从业者的职业道德、素质、工作态度等因素有直接的联系。比如在关于某科学家去世的事件中,许多新闻记者赶在事件发生前就提前准备了长篇的悼念文章。单纯从新闻业务的角度来讲,记者们可谓煞费苦心,但这些文章都不能被称为优秀的新闻作品,因为它们有违伦理道德,没有尊重和保护当事人,可被称为“传媒伦理失范”。

第二,媒体机构所造成的传媒伦理失范现象。盗版、盗链现象在新媒体时代时有出现。2013 年,多家网络公司起诉某平台,法院判决该平台侵权事实成立,这一侵权事件便是该平台为了经济利益而做出的有违传媒伦理的不正当竞争行为。

第三,新媒体受众所造成的传媒失范现象。新媒体为受众带来信息传播的便利,在许多突发事件中,受众利用新媒体扮演了记者的角色,第一时间传播了现场的真实信息,不过这也带来了更多的传媒伦理失范现象。比如一些网民泄露他人姓名、身份证号、个人社交账号等个人信息,严重侵犯了他人的个人隐私权。

---

① 严三九,刘峰.试论新媒体时代的传媒伦理失范现象、原因和对策[J].新闻记者,2014(3):25-29.

造成新媒体平台传媒伦理失范的原因是多方面的，是技术、法规、管控、媒介教育等诸多因素共同作用的结果，并且随着新媒体技术的发展而变化。为了能够更加科学地找到进行新媒体伦理治理和规范的有效路径，需要对造成各种失范现象的原因予以剖析。

第一，新媒体平台上的诸多伦理失范现象首先是由新媒体的传媒特征所造成的。新媒体时代的信息传播主体具有隐匿性与开放性的特征，其信息发布行为一般都是在匿名状态下进行的，从而造成对新媒体平台上的信息发布、传播行为的监管难度较大，与之相对应的是把关力的弱化。在新媒体时代，信息的传播者和接收者合二为一，信息传播速度非常快，几乎是采编播同步，在新媒体上发布的信息，有时来不及把关就被上传，削弱了把关人的力量。

第二，相关法律与法规不够完善，造成对新媒体平台的监管相对不力，在处理许多问题时没有法律依据作为支撑。新媒体技术发展过于迅速，而相关法律法规的建立与实施需要一个相当长的实践过程，于是发展过快与建立跟不上的矛盾便导致了真空领域的出现，也便有了游走于真空领域的人群。

第三，现实世界中存在的伦理问题的投射与影响。目前网络世界中存在的大部分角色都是现实社会中的人的投影，所以现实社会中存在的许多伦理问题都能够在新媒体平台上得到体现，如诚信危机、伦理错乱、价值观畸形，甚至黄、赌、毒现象都已经植入新的网络社会中，许多情况下甚至比现实世界更为严重。因为在网络社会中，人们的道德观念与自我约束意识会在很大程度上被弱化，甚至出现较为严重的“在前台行为”，从而表现出与其在现实社会中迥异的行为。

第四，市场经济发展带来的影响。我国市场经济建设取得的成就有目共睹，但是经济增长会在一定程度上挤压道德文化建设，社会道德风尚需要被重视，传统文化根脉亦需传承。过度追求经济利益等不健康的价值观在网络社会中传播得很快，而幸存者偏差带来的不健康的利益观也被网络放大，从而出现了道德失范逐利行为。

第五,新媒体技术发展不平衡、不完善,为传媒伦理失范现象的产生提供了空间。新媒体基于先进的数字技术迅速发展,并且仍然处于不断进步和完善之中。对于技术的垄断或不正当竞争也可能导致失范行为的产生。

治理、纠正、克服各种传媒伦理失范现象是笔者研究、探讨的目的,针对传媒伦理在新媒体时代出现的诸多特征及其原因,需要综合多方面的力量和资源,探索有效的路径,共同维护良好的传媒环境,逐步减少违背传媒伦理的事件产生。面对纷繁复杂的技术发展现实,注重新媒体应用过程中的伦理规制,避免滥用误用等问题,是实现新媒体健康发展、切实增强主流价值观传播力与引领力的重要前提。

二、中西比较视角研究

古罗马著名学者塔西佗曾说:“要想认识自己,就要把自己同别人进行比较。”比较是认识事物的基础,是人类认识、区别和确定事物异同关系最常用的思维方法之一。比较研究可以帮助我们更好地认识理论发展的本质。

我们常说:“不怕不识货,只怕货比货。”我们认识一个事物常借助于与其他事物的比较来实现。因为只有比较,才有鉴别;只有鉴别,才有认识。在实际生活与工作中,比较是认识事物本质的最基本的,也是最重要的方法之一。

研究新闻伦理学是一个复杂的认识过程。比较研究可以帮助我们更好地认识中西伦理学的客观规律。就伦理学起源而言,古希腊哲学家亚里士多德所著的《尼各马可伦理学》一书为西方最早的伦理学专著。在中国古代,没有“伦理学”一词,19世纪后才广泛使用。但在先秦诸子百家的论著中,有大量关于人生道德、伦理等方面的内容,特别是君君臣臣、孝悌之道等。其实在与古希腊的同时期,中国的伦理学已然兴起了。通过比较,我们不难发现,虽然对于名词的称呼有所区别,但是中西方伦理学基本上是同步发源的。虽然地处不同的地理空间里,身处不同的社会文化环境中,中西方的传统哲学却呈现出惊人的相似性与同步性。

借助比较研究法,我们能更好地认识中国的新闻伦理及法规研究状况。“不识庐山真面目,只缘身在此山中”,不借助他人,有时我们很难认清自己。在新闻伦理研究中,我们通过跨国比较、跨文化比较、跨地区比较,可以找出一些共同的特点,并发现中国所特有的新闻伦理发展路径。通过与西方对比,能更有效地推动我国新闻伦理法规的健全与进步。

借助比较研究法,我们能获得新的启示与发现。唐代医学家孙思邈在行医中发现,富人常得脚气病,穷人常得夜盲症。他比较富人与穷人的饮食后发现,富人多吃荤腥油腻、精米白饭,而穷人多吃素食粗粮,从而推断脚气病可能是因为缺少米糠之类东西引起的。通过与西方研究现状进行对比,我们能突破传统的新闻伦理学的研究范畴,在更广阔的视角下,认识到中西方新闻伦理发展的共性问题与特性问题,以及其背后的社会文化层面的发展根源。同样的新闻事件,放在不同语境中,往往会呈现出较大的差异。通过对相似事件的新闻报道的比较研究,我们能更深入地了解文化社会的差异带来的伦理学的不同发展方向。

比较研究为新闻相关法规的制定提供了依据。改革开放以来,我国的法制建设取得了巨大成就。新闻法作为法律体系的重要组成部分,是国家为规范新闻传播行为实施的法律,用以确定新闻机构的性质、任务和具体职责,明确新闻事业与政府、社会和公民个人之间的关系。新闻法为新闻自由提供了法律保障,同时也从法律上对新闻自由给予一定的制约,防止媒体对权利的滥用。制定新闻法是一个复杂的过程,涉及诸多因素。为使决策科学、合理,就必须对各种因素有全面的认识,这就需要将某一问题和与其相关的事物进行比较,从比较中分析优劣得失,从而使政策的制定符合新闻的发展规律。

三、理论联系实际的研究方法

一切从实际出发,理论联系实际,实事求是,在实践中检验真理和发展真理,是中国共产党在长期的革命和建设实践中确立的思想路线,是我们认识、分析和处理问题应当遵循的根本的指导原则和思想基础。

实践是理论研究的入口。任何有生命力的、对现实社会存在重大意义的研究,都离不开实践,这些研究同时反映实践的需求;而那些脱离实践的研究往往不会有很大的社会推动力,也经不起实践的考验。在新媒体时代的背景下,不仅传播主体的数量呈指数型增长,传播的内容类型和传播手段也变得更为复杂,遇到了许多过去未曾遇到的新情况、新问题。

面对日新月异的媒体环境,奋斗在第一线的新闻工作者有着最为强烈的感知,但是,快节奏的工作使他们对许多问题的认知只能停留在感性层面,无法潜心研究。年轻的新闻传播学者有着较为敏锐的行业嗅觉,能积极地站在媒体环境与行业变革的前沿。只有将扎实的理论知识与现实实践结合起来,才能生产出丰硕的学术成果。

新闻传播是一种建立在道德原则上的实践活动,新闻伦理渗透于新闻实践之中。比如,记者在采访过程中,采访方式是否符合伦理,是否保护了消息来源,是否接受馈赠,在编辑的审稿过程中,能否谨慎查证事实,能否不畏权势发表针砭时弊的文章,凡此种种,都涉及新闻道德判断与伦理选择。但是在新闻实践中,新闻伦理往往显得宏大空洞,缺少详细的操作标准,从而难以落到实处。在市场经济大潮中,新闻伦理甚至被商业主义排斥,导致一些新闻工作者在实践中丧失专业操守。因此,新闻伦理只有应用在实践中才有价值,讨论新闻伦理的实践品性和实践精神对于新闻传播活动具有重要意义。

笔者力图以中西视角下的经典伦理学理论为基础,结合近些年来热度高、影响广的新闻事件,使读者能更好地理解晦涩的理论内容,并将之合理地代入到国内的社会环境中,从而对理论的合理适配度及不足与局限理解得更加透彻,亦能更好地把握现实新闻实践的风向。

第二章

新媒体环境下的伦理原则及应用：西方经典与中国传统

伦理学在西方历史悠久,因此在西方产生了一大批经典的伦理学理论,如亚里士多德的中道观、康德的绝对命令等。在古代中国,即使没有出现定义明确的伦理学研究,也同样存在着一大批与西方经典伦理学理论主旨类似,带有更加浓郁的中国时代背景的传统思想或理论。在这一章,笔者将从中西方理论对比的视角,关注新媒体环境下的一些伦理原则及其实例应用。

第一节 中外经典理论比较

一、孔子的中庸思想与亚里士多德的中道思想

(一)思想概况

中庸思想和中道思想作为中国和希腊传统文化的重要思想,两千多年间,深刻地影响和指导着东方和西方思想文化和社会的发展。这两种思想几乎产生于相同的历史时代,它们在理性精神、思想方法等观点上显示出高度的一致性。但是,由于孔子和亚里士多德处于迥异的历史文化背景之下,看似相通的中庸思想和中道思想又在对待社会道德及个人意志自由等问题上有着各自不同的认知内涵。

亚里士多德认为,美德是介于两个极端之间的中间部分。两个极端都是恶德——或者是过量的,或者是不足的。他认为,勇敢是可接受的行为,而如果偏离中庸之道,过了则是蛮勇,不足则是怯懦,即勇敢的两个极端是怯懦和蛮勇。亚里士多德从柏拉图那里继承了四大美德:节制、公正、勇敢和智慧。他强调说:“正如智慧是善于推理,适度就是善于生活。”

亚里士多德关于 mesotees(中道)的著名说法,不仅仅是给行为方式提供一个准则,还教导人们如何正确地对待痛苦和快乐。在痛苦中反应过度即为鲁莽,不及则变做怯懦,只有中间、适度,才能恰到好处,表现为勇敢。对待快乐,如若过度了便成为放纵,只有节制,才是快乐的中道。伦理德性就是关于痛苦和快乐的德性。德性被过度和不及所破坏,而为中道所保全。只有像勇敢的人和懂得节制的人那样做事,才能成为勇敢

的人和懂得节制的人。只有合乎中间的品质,才是可称赞的。德性不同于技术,技术的目的在制作的结果中实现,伦理的目的只能在不间断的活动中实现。

例如,两个人看到有人落水。如果一个目击者不会游泳,但是跑得很快,那么他跳下水救人就是蛮干;同样,他如果什么也不做就是怯懦。对于他来说,勇敢意味着跑去求救。如果第二个目击者是一个游泳健将,他尝试救人就不是蛮干。实际上,对他来说,不下水救人是怯懦。所以,两个目击者表现勇敢方式的不同。

孔子认为,品德高尚的人仁慈、友善、慷慨,最重要的是和谐,并事事秉持中庸。孔子认为美德就是两端之间的中庸之道。《论语·庸也》中讲道:“中庸之为德也,其至矣乎!民鲜之矣。”意思是中庸是最高的道德,但人们长期缺乏这种道德。而《礼记·中庸》中对中庸的定义是:“喜怒哀乐之未发谓之中,发而皆中节,谓之和。中也者,天下之大本也;和也者,天下之达道也。”意思是人的内心没有发生喜怒哀乐等情绪时,称为中,发生喜怒哀乐时,始终用中的状态节制情绪,就是和。中是天下最为根本的,和是天下共同遵循的法度①。

(二)思想一致性

在孔子和亚里士多德眼中,所谓中庸或中道,就是人们用理智来控制和调节自己的感情与行动,使之既无过度,也无不及,自始至终保持适中的原则。二人在对中庸和中道的理解上,有相当的一致性。

中庸或中道,要在持“中”,不走极端,强烈地反映出人类的理性精神。孔子和亚里士多德认为,中庸或中道的根本精神是要求人们的言行恰到好处,因为这体现了人的德性。同时作为一种思想方法,中庸和中道要求人们在处理各种社会关系时,要“致中”和“时中”。

有学者认为,孔子的中庸和亚里士多德的中道有着强烈的调和主义色彩,在本质上宣扬的是折中主义,但这其实是一大误解。折中主义,在哲学

① 展江,彭桂兵.从中庸之道到“无知之幕”:四种媒体伦理理论评析[J].南京社会科学,2014(12):106-114.

上是指没有自己独立的观点,只把各种不同的思想观点、理论无原则地机械拼凑在一起以实现表面的和谐或一致的哲学观点,而中庸或中道所指向的,是事物内部存在着的相互对立、相互依赖的矛盾双方,在某一点或某个方面因对立统一而达成的平衡及真实的和谐一致,反映的是事物存在和发展变化的基本规律。中庸强调"允执厥中",中道强调居二恶之中点,都是指要把握好事物矛盾的度,把握事物存在和发展变化的基本规律,而绝不是指将不能统一在一起的相互矛盾的东西无原则地加以调和,更不是教人圆滑处世。

(三)思想差异在社会实践上的分殊

中庸思想和中道思想在内涵里的不同诉求,直接导致由此思想引导的古代中国和古代希腊一个走上追寻宗法制度下的社会和谐的道路,一个走上寻求社会公正、建立法制和民主制度社会的道路。这两种不同方向的价值选择,对现代东西方社会的发展产生了相当深远的影响。

中国传统的儒家学派从孔子开始就一直把人作为基点,着重探讨人与自然、人与社会之间的关系,强调对宗法封建统治秩序的维护,并将这种统治秩序作为一切价值之首,亦作为社会追求的最高价值目标。以孔子为代表的儒家学派认为,和谐是实现封建宗法统治的基本目标。因此,维护和稳定社会秩序的标准"致中和"成为中庸的目标就是非常自然且现实的事情。这种选择的必然结果,就是强调个人的一切选择都必须以家族和国家的利益为中心,必须以封建宗法社会道德为标准。一切个人与群体都应当倡中庸之德,行中庸之道,安分、尽责,无过无不及,时时处处按照封建道德的要求恰到好处地做事,"发而皆中节"。

孔子所倡导的道德选择,就个人来讲尽管是自愿行为,但这是在必须严格遵守宗法礼教背景下的"自愿"行为,即这种道德选择必须符合宗法等级制度的要求,符合国家政治伦理的要求。因此,在这种情况下,人的道德选择在某种程度上说,是一种丧失了本真的"自愿"行为,这与亚里士多德所认定的道德选择的自愿性是有较大区别的①。

① 傅笑然.中国传统伦理秩序的价值坚守与当代重构[J].齐鲁师范学院学报,2021,36(4):110-116.

在古希腊,以苏格拉底、柏拉图和亚里士多德等人思想作为发端的西方文化,一直较为注重求知和个人主体性的张扬。在亚里士多德的伦理思想中有两个原则,一个是自由,一个是德行。孔子强调的德行便是目的本身,其实践便是外在社会准则对个人内心世界的“规范”;亚里士多德强调的德行是个人内心良知向外部环境的自由抒发。古希腊的中道观体现了在尊重个人意志自由的基础上,对社会公正和正义不懈追求的精神。

当然,与孔子和中国儒家学派重视通过个人修养来完善对中庸的追求不同,亚里士多德没有专门谈到关于中道的个人修养问题。相反,他虽然指出靠算数方法是找不到中道的,但是他却认为人们对中道的掌握和领悟依靠的是天赋和在经验基础上的“本能的直觉”。在他看来,本能的直觉才是最高的“法官”。这种认识使亚里士多德的中道思想丧失了作为一种具体道德原则和规范的地位,这不能说不是亚里士多德伦理思想中的一大缺陷①。

笔者认为,我们应该坚持的是孔子与亚里士多德最早的对中庸与中道的论述。孔子的中庸思想和亚里士多德的中道思想是博大精深的,它们是人类思想文化宝库中的瑰宝。这些思想中的一些精华,直到今天仍有重大的理论和现实意义。东西方文化尽管产生的历史背景不同,但作为人类文明的重要组成部分,在许多方面都有相通的地方。我们应当科学地、客观地发现东西方在伦理思想及历史文化等方面各自不同的长处和短处,有利于我们吸取不同民族的思想精华,弃其糟粕,做到古为今用、洋为中用。

(四)理论的应用拓展

无论是亚里士多德的中道思想,还是孔子的中庸思想,在当前的社会环境下,特别是面对很多热点新闻事件时,都存在着很强的解释力。中庸思想在现代媒体传播中扮演着重要的角色。在新闻采访中,记者需要果断地把握时机进行新闻采访,果断不意味着鲁莽,果断地进行采访需要做好踏实的前期工作,这也是采访能够达成目标的保证。

以前文提到的儿童杀人案为例,英国电视台的报道在理论上比较符合

---

① 余仕麟.孔子“中庸”思想与亚里士多德“中道”思想之比较[J].北京大学学报(哲学社会科学版),2003(S1):16-22.

中庸思想的要求，在报道事实的同时，并没有将受害者的详细信息进行披露。但现实世界往往是更加复杂的，对于新闻从业者来说，在新闻报道中要避免受到情绪等因素影响，避免新闻报道由于主观情绪走向极端；要拿捏好报道内容的尺度，在关键时刻，对新闻内容的披露要做到恰当、恰好、正合时宜。以上要求都需要在新闻实践中不断摸索。

所以，对中庸思想的中间状态是很难把握的。正如亚里士多德所讲：“在恰当的时候就恰当的事物而言，对恰当的人，基于恰当的动机，以恰当的方式感受到情感，才可以称为适度和最佳。”因此，笔者建议大家无论是用中庸之道去评价伦理困境，还是依照中庸之道进行新闻报道，都要最大限度地准确把握现场要素，对现有的线索进行最大程度的分析与联系，再付诸果断而不莽撞的行动。

二、康德的绝对命令与性善论

(一)善良意志

康德关于绝对命令伦理学的第一个核心概念是善良意志。康德将善良意志看作最高级别的善，它是其他事物产生的条件。康德把意志解释为按照道德原则、律法行事而不关心利益或结果的人的独特能力。他甚至说道：“在世界之中，一般地，甚至在世界之外，除了善良意志，不可能有无条件善的东西。”也就是说，在康德看来，人的善良，是先天具备的。这是基于其先验哲学思想得来的。康德认为，人类知识、认识的产生，是人类本身拥有的东西与习得的东西交融而来的。用现代接受理论的观点来看，康德的先验哲学有其合理之处，我们对知识的接受是基于我们在头脑中关于知识的先有印象的，所以在文学中才会有“一千个人心中有一千个哈姆雷特”的经典说法。

康德进一步认为，在这种善良意志的指导之下，人们就会依靠理性确定正确的绝对的道德规则，即善良是判断一切行为的根本准则，其他道德准则，如忠诚、友谊等都建立在善良的基础之上。善良是人的天性，在这个天性之上，康德认为排在第一位的道德准则是“责任”。

（二）善良意志的应用——责任

康德关于绝对命令伦理学的第二个核心概念是责任。在康德看来，“责任概念就是善良意志概念的体现，虽然其中夹杂着一些主观限制和障碍，但这些限制和障碍远不能把它掩盖起来，使它不能为多人共识，而通过对比反而使它更加显赫，发射出更加耀眼的光芒”。在康德看来，责任是一切道德价值的源泉，合乎责任原则的行为虽然不一定必然善良，但违反责任原则的行为则肯定是邪恶的。

笔者认为，康德的责任概念，是基于这样一种逻辑推理而来的。既然大家的绝对意志是善，那么人与人之间相处就必须讲究责任，如果不讲究责任，善良的意志也就无从体现。比如，老师有责任教好学生，而学生有责任好好读书。如果不这么做，就违背了善良这一最高意志。

进一步，康德认为，一个行为只有出于责任，在道德上才是正当的。康德将责任划分为两类，即严格的责任和善意的责任。严格的责任一般是消极的，比如不谋杀、不失信。善意的责任则是积极的，比如帮助别人、发展某人的才能、表示感激等。康德强调，严格的责任（如不伤害别人）比善意的责任（如提供帮助）更具有道德上的强制性。

既然责任是道德价值的源泉。要做出合乎道德的行为时，便必须考虑到责任准则。对于责任的准则，康德提出了“普遍法则”的概念。

（三）道德的普遍性

康德的绝对命令，我们也可以称之为康德的道德律令，即道德原则必须具有普遍性，它是目的，而不是手段。这让我们看到了康德对于人的尊重，我们永远不能把别人作为实现自己目的的手段。一个人应该平等地尊重每个人，这是一种非常高尚的道德观，但是其实在康德的道德观里面，更重要的是道德必须具有普遍性。康德是基于理性来构建道德观的。我们基于理性可以得出真理，真理具有普遍性和必然性，这是真理的基本特征。而在道德领域，某种道德标准如果要成为真理的话，那么也需要具有普遍性。如果“道德”是基于自私自利，或者基于情感的话，那么就不具有普遍性。

康德举过一个例子，如果一个杀人狂来追赶一个无辜的人，这个无辜的人跑到你的屋里躲了起来。忽然杀人狂来问你："看到一个人进来了吗?"这个时候你可以撒谎告诉他，你没有看到，或者如实告诉他，这个人就在屋里。在很多人看来，当然应该撒谎。但是在绝对命令中，不能撒谎是一条准则，任何人在任何时候都应该遵守，但是你可以同时告诉杀人狂，如果你去伤害这个无辜的人，你会通过跟杀人狂拼命来保护他。

在这个思想实验里面，可以看出康德的绝对命令是非常严格的，这种严格来自"普遍性"，对每一个人都适用，比如不能撒谎这一点，可能对你有利，但是如果你是被欺骗的人，你肯定不希望别人对你撒谎。所以，如果道德不能像真理一样具有普遍性，对每个人都一视同仁，那么道德就不能称为道德。就像在理性的领域，如果真理不适用于任何一种情况，出现了一个反例，那么就不能称为真理了。在道德领域也是一样的，任何一条律令，都必须具有普遍性和必然性，在任何情况下对任何人都一视同仁。所以，在康德看来，道德价值是基于理性构建起来的。

孟子曾经举过一个例子，人都具有善的本性，尤其是怜悯之心，比如在看到一个孩子掉进井里后，大部分人都会本能地去救小孩。在孟子看来，救小孩这个行为，并不是出于某种自私自利的考虑，也不是为了好的名声，或者为了某个方面的利益回报，而仅仅是出于对弱者遇害的同情心。但是按照康德的道德观来看，这种出于同情心而做出的行为，仍然不具有道德价值。如果仅仅是因为同情心的缘故对小孩进行施救，这种基于同情心的道德观是不可靠的，不具有普遍性。康德的道德观是基于理性构建起来的，也就是基于善的规则在任何情况下都应该遵守，就像真理具有普遍性和必然性一样。

为了体现责任的强制性，并使之成为普遍法则，从而达到至善的目的，康德使用了"绝对命令"这一术语来体现这一内容。

（四）绝对命令

命令是支配行为的理性概念，按照康德的划分，可以分为定言命令（绝对命令）和假言命令。根据假言命令，善行本身作为目的，被看作应该做的事情，而绝对命令出自先验，只体现为善良意志，与任何爱好、利益无关，因而它是无条件的、绝对的。例如，如果想要获得遗产，就必须孝敬老人，这是典型的假言命令；而无论在什么情况下都必须孝敬老人则是绝对命令。相较于定言命令,假言命令是有条件的,把善行看成是达到偏好和利益的手段。康德认为,一个人在行事的时候,要考虑到自己的意志准则是否适用于其他每个人。

康德提出的绝对命令有以下特点:首先,必须具有逻辑的前后连贯性;其次,必须具有普遍性,也就是说,必须能毫无例外地应用于一切情况,而不是仅能应用于一些情况,甚至大多数情况。

在中国传统伦理观中,也有类似于“绝对命令”的观点。比如孔子提到,“君子有三畏,畏天命,畏大人,畏圣人之言”。其中,畏天命可以理解为遵循自然法则或自然规律。对自然法则和社会法则的遵循就是中国传统的基本规则,而这样的伦理法则也在一定程度上体现了中国古代的“绝对命令”。

(五)善良意志与性善论

孟子阐发的性善论,为儒家道德哲学的发展提供了始源性的理论基石,规约了儒家德性论的基本理论取向。康德的善良意志论是西方道德哲学反思进程中的理论枢机,代表了西方道德哲学规范论的基本理论取向。性善论和善良意志论在对人性能力的取舍、向善路径的选择和至善目标的设定等方面皆有不同的进路。

人性能力结构大体可以分成三个层面,即本质的核心智慧层、实践的文化价值层和谋生的操作技术层。虽然孟子的性善论和康德的善良意志论没有对人性能力做出特别界定,但是这两种理论都蕴含着对人性能力某一方面的认识。

性善论是从总体上肯定人性能力的基本面是向善的。孟子认为人性之善与后天的才能等没有直接的关系。人性之善通过人心以及人心所激发的人的道德行为显现出来。人性从本质层面的显发,到人心对仁义礼智德性的激发,其向善的趋势是主动而稳定的。因而孟子的性善论对人性能力的要求是整体的,包含从本质层面到实践层面,最后到操作层面的能力。善良意志论集中以人性能力的实践方面为依托,通过对意志选择能力的截取,指明了意志走向道德规则之路的必然性,为普通的理性主体成为道德自觉的行为人提供了实践理性的保证。从这个角度说,善良意志论主要针对的是实践价值层面的人性能力。

孟子性善论选择向善的路径是推崇人性之善,激励主体自觉,注重德性的自律与修为,引导人们正面向善。这一路径代表了儒家道德哲学从人性本质层面培育德性成长,激发道德主体产生积极为善的取向。我们可以将之概括为德性的自律道德观。康德的善良意志论选择向善的路径则是不避人性之恶,激活理性潜能,注重规范的自律与实践,引导人们追求至善。这一路径体现了康德从人性实践层面规范对理性的运用,指引道德主体主动践行绝对命令的取向。我们可以将之概括为义务的自律道德观。

从根本上说,孟子倡导的性善论是从正面肯定人性之善,以此来激励道德主体主动向善,这种德性的自律道德观是从道德主体内在的心性出发,由此也形成了儒家学派注重道德主体内修的德性养成方式。康德推演的善良意志论需要理性存在者明确绝对命令的规范作用,把握实践理性的规范运作。持这种自律道德观的人是站在道德知识系统之外来确立理性存在者的向善之路。性善论和善良意志论对向善路径选择的差异,反映了东西方道德哲学的不同取向①。

(六)应用拓展

根据绝对命令理论,如果认可某一行为的规则不能为一切人所奉行,那么该行为就是不道德的,即当人们要做出道德决定时,必须首先自问:"准许我将要实施这个行为的规则是什么?"其次要问:"这条规则能够成为所有人所遵行的普遍规则吗?"

运用到新闻界,按照康德的理解,新闻工作者不能要求什么特权,例如为了获取新闻而撒谎或者侵犯他人的隐私。所以对于新闻记者来说,不能进行无限制的偷拍等,如曾经发生的某明星逝世偷拍事件。三名记者跟随眼科专家进入太平间,欲在手术中拍得摘取该明星眼角膜全过程的独家照片。在场的家属以为是医生助理,并没有在意。没想到要开始手术时,记者拿出相机拍摄,现场一片哗然,并最终引发了激烈的争吵。显然,逝世后的明星不再是公众人物,只是一名普通的逝者,而记者偷拍的行为显然有悖良

① 戴兆国.孟子性善论与康德善良意志论之比较[J].陕西师范大学学报(哲学社会科学版),2018,47(5):83-91.

知，进入眼角膜摘除手术室拍摄前应提前获得家属应允，若是私自进行拍摄便是侵犯了隐私。这种行为是不能成为一切人所遵行的普遍规则的，因此是违背了绝对命令的行为。

另一个应用案例为子贡赎人、子路受牛的典故。鲁国有一条法律，如果鲁国人在他国见到同胞遭遇不幸，只要能够赎回这些人，就可以从国家获得补偿或奖励，但子贡赎人后却选择不领钱。这是子贡的价值标准，因为他认为拯救一个落难的国人是理所应当的事情。这种所谓的“理所应当”是指国家认同、民族认同以及道德动机。简单来说，由于这个被赎的人和子贡都是鲁国人，基于这种身份认同，子贡就会潜意识地认为帮助他是合情合理的事情。

孔子认为这是不对的，孔子认为，子贡做错了。从今以后，鲁国人将不会将同胞从别国赎回本国了。向国家领取补偿金，不会损伤到子贡的品行；但不领取补偿金，鲁国就没有人再去赎回自己遇难的同胞了。从绝对命令的角度来看，适用于一切人遵守的普遍规则便是赎回同胞即可领取补偿，子贡的行为也许满足了自我在道德上的高度，但是对这种具有普遍性的规则却是一种不尊重，会因此损害到这个规则的适用性，所以这是不合适的。

子路救起一名溺水者，那人为了表示感谢，送了他一头牛，子路收下了，孔子很高兴，他认为鲁国人从此一定会勇于救落水者了。实质上这是精神上的一种趋利性，这种趋利性表现为：我并不一定要接受你的物质馈赠，但至少我在精神上感到这是一件对我们双方都受益的事情。譬如我扶起了一个人，他当然不必给我一头牛，但他即便只用言语表达感谢，这也足以使我在精神上感到受益，使我认为自己做这样的事是值得的。

子贡的错误在于把原本人人都能达到的道德标准超拔到了大多数人难以企及的高度，这样使很多人对赎人望而却步。把道德的标准无限拔高，或者把个人的私德当作公德，这两种做法只会得到一个结果，就是让原本具有普遍性的道德规则不再具有适用性，让普通民众面对道德望而却步。

近些年，许多新闻事件也能体现康德的绝对命令的核心思想。2019年，某明星在录制综艺节目期间身体严重不适，送医救治后不幸身亡。在节目录制过程中，其他人在发现其身体不适后曾要求该明星停止录制及时就医,但该节目组坚持继续录制,最终导致悲剧发生。利用绝对命令理论进行责任归属分析,在这个悲剧中,无论是从节目组的角度、其他人的角度,还是从该明星的角度来说,保护自己、尊重生命就是绝对命令,且人人都应该遵守。

三、墨子与密尔的功利主义思想

功利主义作为一种伦理道德学说源远流长,无论是在西方,还是在中国,从古至今都是颇具影响的伦理学流派。约翰·斯图亚特·密尔是近代西方功利主义的创立者和主要代表,他首次用“功利主义”一词概括了边沁学说的实质,创立了一个完整、缜密的功利主义思想体系。墨子是中国历史上倡导功利主义思想的第一人,在其思想中虽然没有“功利”连称的术语,但“功”“利”都已分别提出,如“利人多,功故又大,是以天赏之”。墨子的功利思想内容丰富且独具特色,在中国伦理学说史上占有重要地位。

(一)“最大的幸福原则”

边沁在《道德与立法原理导论》一书中,系统地阐述了功利主义原则。他提出了以最大多数人的最大幸福作为判断道德是非的标准。他认为“善”最大限度地增加了幸福的总量,引起了最少的痛楚;“恶”则与之相反。在边沁的视角中,因为人类的行为存在趋利避害的特点,所以快乐是好的,痛苦是坏的。进一步来说,任何正确的行为和政治方针都必须做到产生最多数人的最大幸福,且将痛苦缩减到最少,甚至在必要的情况下可以牺牲少部分人的利,这就是著名的“最大的幸福原则”。

边沁认为道德问题本身是客观的、科学的和可计算的,幸福和快乐被认为是等同的。密尔于1861年撰写了《功利主义》一书,发扬了边沁的“最大的幸福原则”。他提出不仅需要考虑快乐的数量,而且需要考虑快乐的质量。密尔主张,快乐和不痛苦是道德的唯一内在目的。“幸福,意味着预期中的快乐,意味着痛苦的远离;不幸福,则代表了痛苦,代表了快乐的缺失。”他进而认为,“一个行为的正确在于它对普遍快乐做出的贡献的比例,一个行为的错误在于它对普遍的不快乐或痛苦发挥的作用的比例”。密尔承认,同一个行为可以让一些人快乐,但让另一些人痛苦。对于边沁和密尔来说,避免痛苦、促进快乐是唯一的理想目标。只不过,密尔比边沁更进一步,不仅考虑了快乐的数量,还考虑了快乐的质量。

(二)功利主义的理论要点

总结边沁和密尔的理论,我们可以得出这样一些结论。首先,根据功利主义,人应该做出达到最大善的行为,而这种最大善的计算则要依靠这个人行为涉及的每个个体的快乐感和痛苦感的总和。和其他伦理学说不同,功利主义者很少考虑一个人行为的动机与手段,只考虑行为的结果对最大快乐值的影响,能增加最大快乐值的即为善,反之则为恶。也就是说,按照功利主义者提供的意见,我们在做伦理选择时应掌握一条明确的行为准则:必须以最小的代价取得最大的收益。

功利主义实际上包含双重原则:①尽可能地趋利避害;②把这一结果尽可能地广泛传播。因此,人们常把功利主义定义为追求最大多数人的利益。从这个意义上来讲,功利主义原则使我们一有选择,就一定是为多数人而不是少数人谋利。所以,功利主义常被简化为:"为最大多数人谋求最大幸福(利、善)",以及"两利相权取其重,两害相权取其轻"的处世经验。

因此功利主义被分为两类,即行为功利主义与规则功利主义。

这两种功利主义的相同点是都追求"最大幸福的原则"。不同点则在于行为功利主义撇开人们认可的普遍规则,而着重看每个人所处的独特境遇,在此种境遇下,要为这个人带来最大的好处;规则功利主义则是把道德的标准建立在"最大幸福的原则"上。也就是说,行为功利主义关注具体判断;规则功利主义关注对规则的寻求与制定,且规则是无差别的。

例如,根据绝对命令,调查性报道如果伤害了被调查对象,那么就是不道德的。而对功利主义者来说,一则调查性报道虽然会伤害被调查对象,但如果能增加普遍的福利,那么就是道德的。

根据行为功利主义理论,一个记者为了获取贪官的资料去调查,是被允许的。根据规则功利主义理论,一个记者无论任何情况下都应该去调查报道,只要这种调查可带来更大的利。所以行为功利主义和规则功利主义,一个涉及对具体情况的分析,另一个涉及对具体情况的总结、升华。

在中国语境下,"人不为己天诛地灭"就是功利主义的极好体现。一方面,中国人是求利的,宋代的功利主义已经将功利主义理论化,并出现了实学这一学说。实学是一种以“实体达用”为宗旨、以“经世致用”为主要内容的思想潮流和学说,也是儒家思想发展的阶段性理论形态。它的特点就是强调崇实黜虚、经世致用,主张关切时代主要矛盾、回答时代主要问题,主张学术要有益治国理政,从而达到经世致用的目的。实学的出现可以说是将中国传统语境下的功利主义理论化[①]。另一方面,中国人对本身欲望展现出了功利性。康有为主张“性无善恶之分”,这一思想是对儒家“食色性也”的一种延续,也就是追求尽量满足人的欲望。尽管对其对错仍需进一步探讨,但确实体现了中国语境下的功利主义。

(三)墨子的“尚利”“非命”说

在先秦诸学派中,公开提出以“利”字为其哲学纲领的,最早是墨家。墨子以“利”作为社会伦理的基础,把人的价值同一定的经济生活紧密联系在一起,尊重人的物质利益,从而把义利之辩引向功利主义轨道。他说:“义,利也”“利,所得而喜也”“害,所得而恶也”“今天下之士君子,皆欲富贵而恶贫贱”。墨子以“利”规定“义”,不仅尚“利”贵“义”,而且主张“义”“利”并重,强调以“利民”“利人”作为“义”的实在内容。

墨子以自然人性论为基础,通过提升人的地位,论证了人们追求物质利益的合理性,对人们的求利动机给予了有力辩护,其目的在于批判当时流行的“天命”观念。墨子提出“非命”,否定“天命”。“世不渝而民不易,上变政而民改俗。”“彼以为强必富,不强必贫;强必饱,不强必饥,故不敢怠倦。”这样,墨子肯定了人强力从事对社会生产、社会治理等方面的决定性作用,清除了束缚人创造性发挥的消极因素,以此论证追求美好生活和富贵地位是人自主自觉的天性[②]。

(四)密尔的“幸福”与墨子的“利”

墨子和密尔作为功利主义者,他们的思想肯定有着相似之处,但是由于两人所处的时代背景不同,代表的阶级利益不同,因此两人的思想也必然存在差异。密尔和墨子都通过对人性的思考,看到了物质利益对人们生活的重要

---

① 葛荣晋.中国实学文化导论[M].北京:中共中央党校出版社,2003:1-20.

② 马尽举.宋代功利主义与东方道德体系的重建[J].开封大学学报,1997(1):18,109-110.

影响,都强调人性的趋利避害,但是在对“利”的内涵上,两人又有着各自的理解。

墨子和密尔的功利主义思想均从将人的苦乐天性作为起点,将实现幸福作为终点,把道德是非的审决权交给人来断定,断定标准是人是否获得快乐与幸福,充分肯定了人们追求物质利益的合理性,在人神关系上都引起了一场时代革命,产生了深远的社会影响。与极端利己主义不同,强调公共幸福是两人功利思想的突出特征。

墨子追求的“利”是“天下之利”;密尔则明确提出,道德是为了最大多数人的最大幸福。墨子重点关注国家百姓之大利,带有浓厚的社会功利色彩;密尔则以个人苦乐为善恶标准,偏向个人功利。

密尔在把“为最大多数人寻求最大的幸福”作为最高原则的同时,肯定了个人利益的至上性。个人利益是社会利益的基础,个人幸福是社会幸福的前提,如果个人利益得不到有效的保障,最大多数人的利益也就失去了存在的价值。这是资本主义“客观精神”的充分体现,也是密尔功利主义思想得以张扬的根本原因。与此相比,墨子同样把最大多数人的利益作为最高原则,但他肯定的是天下之利、社会公共利益的至上性,对个人利益虽然没有否定,却没有给予个人利益足够的肯定。在天下之利与个人利益之间,个人利益要无条件地服从、依附于天下之利,而不问这种天下之利到底对谁有利①。

(五)应用拓展

以 2015 年 8 月 12 日深夜天津滨海新区发生的爆炸事故为例,在事故发生后,天津本地的媒体,直到事发后两天才在头版头条进行报道;相反,非天津的媒体,诸如《人民日报》等则在事发第二天上午即在头版头条进行报道,并且报道内容则多偏向于对事故受灾人员的救援和灾情的实况。

对比两种媒体的报道,天津当地的媒体,没有在第一时间对事故的情况做出报道,是认为在事故发生后,过于惨烈的报道实情会给市民带来巨大的痛苦,因为灾难的信息至少在视觉和听觉上是十分骇人的,出于维护社会稳定的目的,选择并没有在短时间内报道事故的详细内容,这实际上是使社会总体收益实现最大化而做出的行为,偏向于功利主义原则。

---

①　魏悦.墨子和密尔功利主义思想之比较研究[J].江西财经大学学报,2006(1):37-41,111.

功利主义者不仅认为幸福和快乐是可量化、可计算的,还认为幸福和快乐有质和量的区别,人类理性式的快乐和动物式纯粹的快乐不可混淆,即理智的快乐、感情和想象的快乐,以及道德情感的快乐具有的价值远高于单纯感官的快乐。这也解释了在事件发生已过两日之后,天津本地的媒体大多数的深度报道和专稿专栏偏向于对社会正能量的弘扬。这可以理解为对市民在面对事故之后的痛苦感所进行的削弱和减轻,以正面的信息给予市民安全感,以使他们获得或保持较大的快乐度和幸福感。

功利主义是从人性的利己角度出发的一种理论,不是所有人都是绝对命令中的善的最高意志的拥有者。笔者认为功利主义与西方的经济学中的"经济人"假设是一脉相承的,逐利是个人的天性。这可以说是"人性本恶论"的一种解读。所以,利用功利主义可以评判和解释很多伦理现象和伦理行为,在出现伦理困境时以此做出必要判断。

但是,功利主义强调的是行为的结果,在这种思想的指导下,可能出现这样一种情况,"只要目的合理,可以不择手段",这容易使人们对过程中的不正当性避而不见。比如,一个记者为了采集到重大新闻,采取偷拍、撒谎等方式获得新闻素材,虽然目的是尽快使公众获得真相,但这显然是不合理的行为。

四、儒家学派与罗尔斯的正义思想

(一)儒家学派的正义思想

在《论语》中并没有与罗尔斯所指出的自由、平等、权利等概念直接对应的语句,但是我们却能从字里行间深切体会到孔子自身所具有的道德人格形象,这些精神价值完全可以与包括罗尔斯在内的西方学者的思想相呼应。我国传统儒家思想包含丰富的正义观念和意蕴,"仁""道""礼""义""中庸""正名"等思想都充分体现了先秦儒家学派的正义观。

"仁"是儒家学说的核心,是儒家伦理规范的出发点和归宿,也包含了儒家的正义观念。孔子提出,"仁者,爱人",而要做到爱人,则应遵循"忠恕之道"。忠恕之道的基本思想,就是要将心比心,推己及人。而这样做的前提,就是肯定人与人之间的平等性以及人之为人的共同性、普遍性。这正是正义概念的基本内涵。

"道"在儒家思想中占有非常重要的地位,孔子曾说:"朝闻道,夕死可矣。"(《论语·里仁》)"道"是一个较为抽象的概念,指自然与人世的普遍规律。董仲舒说:"道之大原出于天,天不变,道亦不变。"(《汉书·董仲舒传》)任何事物都有其道,如果整个社会都体现了道的要求,这就是一个正义的社会。"正名"与"道"紧密相连。所谓"正名",就是使每个事物都符合其相应的道的规定性。孔子说:"名不正则言不顺,言不顺则事不成,事不成则礼乐不兴,礼乐不兴则刑罚不中,刑罚不中则民无所措手足。"(《论语·子路》)在孔子看来,大到治国,小到齐家,都必须以正名为基本前提。

孔子曾说:"不知礼,无以立也。"(《论语·尧曰》)"礼"也是儒家思想的核心。"礼"是建立在人的地位与身份划分基础之上的一整套普遍的行为规范,同时也是一种有关权利与义务的体系;它是道的体现,是"正名"的结果。"礼"所维护的是一种社会、政治乃至经济上的等级制度,体现了儒家在承认不存在绝对的平等、包容形形色色的差异基础之上的对正义与和谐的执着追求。

"中庸"也是儒家思想的一个重点。在儒家的"中庸之道"里,"中"具有适度、正确、公正的意思。"中也者,天下之大本也",说明公正是治理国家的基本原则。孔子说:"中庸之为德也,其至矣乎!民鲜久矣。"(《论语·雍也》)关于中庸,程颐的解释是:"不偏之谓中,不易之谓庸。中者,天下之正道;庸者,天下之定理。"朱熹的解释是:"中者,不偏不倚,无过不及之名。庸,平常也。"可以看出,所谓中庸,就是不偏不倚的平常道理,就是无过不及的实践理性。而不偏不倚、无过不及,体现的就是一种平衡追求。正是这种平衡(即广义上的平等)追求,构成了正义的基本精神。

此外,还有一些思想也体现了中国语境下的"无知之幕"。孔子的"有教无类"指教育不应该强调身份、能力、地位等因素,这一点也呼应了罗尔斯保护弱者的观点。孟子也提到"恻隐之心,人皆有之;羞恶之心,人皆有之;恭敬之心,人皆有之;是非之心,人皆有之"(《孟子·告子上》)。这一思想也体现了儒家对社会公平和正义的追求。以上这些概念和范畴相互联系,共同构成了我国先秦时期儒家的正义思想①。

---

① 卞绍斌.无知之幕背后的道德图景:罗尔斯与孔子正义思想的比较与融通[J].道德与文明,2013(3):139-148.

(二)罗尔斯的无知之幕与正义原则

“在没有社会差别的背景下进行协商时,正义自然显现。”

前文中提到的功利主义原则是为了多数人的利益最大化,可能要牺牲少数人的利益。这在许多语境下并不是合适的选择。在功利主义的基础上,罗尔斯的《正义论》弥补了功利主义的许多不足之处。后人对其理论总结道:“只有当你不知道自己可能是谁时,才能想清楚什么是正义。”“无知之幕”是罗尔斯为了实现让自己不知道自己可能是谁,而设想的一个概念。简单地说,就是为了要求各方从生活中的真实情况,退回到一个消除了所有角色和社会差异的隔离物后的“原始位置”。

“无知之幕”后的人们不知道自己的社会地位,不知道自己的自然天赋,不知道与自我有关的“善”的观念,即生活中值得追求的事物,不知道社会所处的特殊环境,如经济发展水平等。他们知道人类社会的一般事实、政治事务和社会经济原则,知道基本社会组织和人类心理原则。

罗尔斯要求人们在“无知之幕”下选择两个正义原则:一是每个人都有权拥有与他人的自由并存的同样的自由;二是对社会和经济的不平等应作如下安排,即人们能合理地指望这种不平等对每个人有利,而且地位与官职对每个人开放。罗尔斯认为,这两个原则将是有理性的人们为自身利益所做出的必然的谨慎的选择。

第一个原则要求有一个最高程度的平等的基本自由制度,在每个人都拥有最广泛的政治自由的同时,社会集体也拥有同样的自由,即自由优先,因为它永远不会因为经济和社会以外所有的社会利益而改变,只有当这些社会利益有益于最弱小的群体时,才允许它们的不均匀分配,所以第二个原则包含了自由以外所有的社会利益。也就是说,我们可以承认权力、财富、收入的不平等,但这些不平等必须有利于那些生活不如我们的人。

在这两个原则基础之上,罗尔斯认为,当我们在“无知之幕”后协商社会契约时,我们必须选择保护弱小一方,最大限度地减少风险。

（三）儒家学派与罗尔斯的正义观异同

儒家学派与罗尔斯正义观的相同点体现在以下方面。

首先，两种正义观都表明政治与伦理道德不可分割。以“仁”为核心的儒家思想向来以注重伦理道德的教化而著称，儒家学派重视对个体人格的道德观照，强调君主要施行仁政；罗尔斯则在《正义论》中开门见山地提出“正义是社会制度的首要价值”，把正义看作社会制度中的最高善。因为政治是对整个社会的管理和规范，所以无论在理论层面，还是在实践层面，它都需要伦理道德的支持。

其次，二者在某种程度上都主张大体上的均等。社会公平、正义是人类不懈追求的政治理想。儒家学派的“均富”思想就体现了对“均平”的追求和渴望；罗尔斯在“作为公平的正义”理论中为尽可能减少不平等现象而提出的正义的两个原则也充分体现了强烈的平等、平均主义倾向。

儒家学派与罗尔斯的正义也有很多的不同，差异主要有以下几点。

第一，二者在时间上相隔两千多年，一个是古代人的政治观，一个是现代人的政治观。由于在时间上相隔非常遥远，古代人的政治观与现代人的政治观存在很大的不同。现代学者建构的是技术性的政治学知识体系，而古代人心目中的政治恰恰与对人性的培育和塑造有关，政治是关涉“成人之道”的精神事业。他们要建构的是政治哲学，而不是政治学。

第二，二者体现了中西方两种不同的政治文化传统。儒家学派以家庭为本位，注重个人的职责和义务，罗尔斯以个人为本位，注重个人的自由与权利；儒家学派的理论体现的是伦理和道德正义，罗尔斯的理论体现的是法律和制度正义。

自古以来，我国传统政治文化的一个明显特征就是“家国同构”，父权制的等级亲属原则同时成为政治组织的基本原则，国家、社会都被宗法化了。我国先秦时期儒家学派的正义观就是以家庭为本位的，这就决定了儒家学派在思考有关正义的问题时着眼于从社会需要出发对个人提出要求。儒家学派的正义观是非常强调个人的道德修养和教化的，是一种伦理和道德正义。与我国相比，西方传统政治文化则强调以个人为本位，更注重个人的自由和权利。

作为一个美国人,罗尔斯的正义观当然也充分体现了西方传统政治文化的特点。罗尔斯在其正义论中不仅捍卫每个人正当的自由和权利,还明确重申,在他的正义论中,所指的对象是社会的基本结构,即用来分配公民的基本权利和义务、划分由社会合作产生的利益和负担的主要制度。他提出"正义是社会制度的首要价值"。罗尔斯的正义观是一种法律和制度正义。

两种正义观体现的政治出发点不同,儒家学派是从政治出发来界定人,罗尔斯是从人出发来界定政治。儒家学派将其思想学说直接与重建礼制秩序这一紧迫的现实需要联系起来。而深受自由主义和个人主义影响的西方社会,其法律制度等都是为个人服务的,都是为了保护每个人正当的自由与权利不受侵犯。此外,两种正义观也体现了中西传统思维方式的差异,儒家学派侧重对生活实践、感性经验的直觉感悟和整体把握,罗尔斯侧重对经验事实、概念规范的精确的理性分析和逻辑推理[①]。

(四)应用拓展

在新闻传播活动中,常会面对不同类型的伦理冲突与伦理困境,这需要新闻工作者能够合理地权衡各方的道德权利与义务,从而找到最为合适的平衡各方的伦理原则。罗尔斯的"无知之幕"在新闻媒体的媒介伦理冲突中有着较为广泛的应用,其主要有三个方面的作用表现:第一,"无知之幕"的假设使每一个讨论参与者的权利和义务得到充分的考虑;第二,境况最差的人的权利往往可以得到保护,他们的处境往往得到更多的改善;第三,公众的利益常常会得到保护。

2019 年 3 月 10 日,埃塞俄比亚航空 ET302 航班起飞不久后失事,机上 149 名乘客及 8 名机组人员全部遇难。某博主率先转发其中一位遇难者的最后一条微博,并配文"据浙江省外办消息,埃塞俄比亚失事航班上的浙江女性为金华兰溪人,是浙江某大学学生,3 月 9 日从上海出发前往埃塞俄比亚"。微博被曝光之后,该女大学生的生平信息不断被挖掘、曝光、炒作,还有不少网友在其微博留下恶毒评论,家长不堪其扰最终注销了微博账号。

① 万晓飞.儒家与罗尔斯正义观对比分析[J].天中学刊,2010,25(6):51-57.

尽管如此,关于对埃塞俄比亚航空事故进行的报道,仍大多围绕这个女生及其亲属进行传播。

对灾难事件中的人物进行报道是为了带给读者灾害无情的震撼力量,是为了悼念灾难中逝去的生命。新闻媒体应该满足公众的知情权,但是抛开身份来看,遇难者、记者、公众都是普通人,隐私权是人人享有的基本权利,遇难者作为一个普通人,应该得到最基本的尊重,其个人基本信息也应当受到保护。

凯文·卡特是南非著名记者,1993 年,在苏丹发生叛乱期间,他赶到苏丹北部边界境,在一个叫伊阿德的村庄,拍下了照片《饥饿的苏丹》。当时,凯文·卡特正好走到村外的灌木丛边,看见一个瘦得只剩下皮包骨头的小女孩,在前往不远处食物救济站的路上一下子栽倒,晕过去了,而此时,在离小女孩的不远处,正蹲着一只硕大的秃鹫,贪婪地盯着那个奄奄一息的小生命。凯文·卡特立刻举起摄影机,拍下了那张令全世界为之震撼的作品。

这张照片在美国著名权威报纸《纽约时报》上首次刊发,并很快在世界各国激起强烈反响。凯文·卡特也因此获得普利策新闻奖。事情并没有就此结束,凯文·卡特也因这张照片不断遭到指责,有人说:“当时他为什么不放下照相机先去救小女孩?难道就是为获得普利策新闻奖?”有人说他“见死不救”“袖手旁观”,是“冷血动物”,就连他的朋友也打电话指责他。他向朋友解释说他当时不是没有想到去救小女孩,但当他把镜头对准眼前的一切时,他在心里说,这是他的工作。

摄影师凯文·卡特坚持了新闻正义,作品也因此获得普利策新闻奖,但是他的选择是否正义呢?若用“无知之幕”理论做评判,抛开卡特此时的记者身份,在“无知之幕”之后,卡特和女孩,一个是有能力的施救者,一个是快要饿死的人,显然,在此时对女孩进行救助才是最大的正义,她的权利和处境理应得到优先重视和改善①。

对肯尼迪棕榈滩强奸案也可以通过“无知之幕”进行剖析。威廉·肯尼迪是肯尼迪家族的成员,其家族有权有势,然而 1991 年,一起强奸案发生在肯尼迪家族位于美国的别墅中。一个名叫帕特西娅·鲍曼的女子声称,她

---

① 谢津炜.从“无知之幕”看灾难事件中的人物报道伦理[J].今传媒,2020,28(3):66-67.

在这片草地上遭到了强奸,被一位肯尼迪家族的男人激烈侮辱长达半个小时。随后,多家媒体进行了大肆报道,并且报道的内容普遍认为男人有罪,司法部门不能因为肯尼迪家族的势力而否认其犯罪行为。肯尼迪家族为了打赢这场官司,找到了华裔神探李昌钰。李昌钰根据证词现场模拟,结果一一推翻了证词。该女子说是在激烈挣扎中遭到蛮力压迫而被强暴,那么身上一定会有瘀伤,或者衣服被撕破的痕迹。然而,医生验伤时,在女子身上没有发现伤痕,衣服也没有检测到被撕扯破坏的痕迹。在草坪上长达半小时,衣服上一定会有草迹、泥迹。而且,李昌钰当场拿出了一条手帕,在草坪上擦拭了一下,很快就会有痕迹,因为那里青草茂盛、泥土湿润。如果事实如该女子所说,那么她的身上和衣物上必然有明显的污迹,但最终痕迹专家什么都没发现,最终李昌钰为肯尼迪家族洗刷了清白。

对肯尼迪棕榈滩强奸案进行分析,“无知之幕”要求摒弃所有人的身份、地位等因素,所以抛弃其他信息的鲍曼与肯尼迪家族的男人并无差别,二人应该是平等的,并且媒体应该尊重每个人的隐私权。然而媒体和记者并未抛弃二者的差异,将二者的差异带入新闻的撰写中,并且在没有证据的情况下判定肯尼迪家族的男人犯罪行为成立。

我国近些年的一些新闻事件也可以用“无知之幕”的理论进行分析。比如,2021年的某大学学生嫖娼轰动一时,三张该大学的处分决定书忽然出现在公众视野,内容显示该大学三名学生因在校外嫖娼被抓,学校给予开除处分。值得注意的是,该决定书中明确显示了被处分学生的详细信息,且媒体也对这些图片进行了传播。对于学校开除学籍并公开公示的做法,不少网友提出了质疑。有人认为,学校依规处理无可厚非,但将涉事学生的姓名、学号等个人信息进行公布则有些不妥,也有人认为校方做法并无不妥。

首先,抛开大学生的身份,每个人都有平等享有隐私被保护的权利,校方公开身份并张贴告示的行为既没有保护涉事者的隐私权,也没有保护其日后生活和发展的权利。虽然校方表示这一公告只是小范围公开,但其严重的后果是意料之外的。其次,对于媒体来说,大肆宣传报道这一事件的原因是“该大学”“大学生”“嫖娼”等字眼可以起到吸引流量的效果,但将所有人置于幕后时,每个人的隐私权都应该受到保护。所以,根据“无知之幕”的理论,不管学校,还是媒体,其行为都是不可取的。

“无知之幕”的意义在于促成了有效的伦理对话,在考虑各方立场的情况下尽可能地走向公正,达成共识。因此,当媒体面临报道与否的伦理困境时,不妨褪去自身的身份与目的,与相关人员共同处于幕布之后进行讨论。这场讨论不要求对意见达成一致,只是一场个人诉求与伦理道德的博弈,而在这场博弈中要使一些不平等的情形被许可,那必然要求这些不平等的情形对社会环境中的大部分人有利。这样的讨论,使报道有“度”可循,让它能在对大部分人有利的前提下消费最少的隐私与情绪。

五、义务论视角下的新闻伦理

(一)罗斯的多元价值理论

多元价值理论由现代哲学家威廉·戴维·罗斯于1930年提出,该理论的观点是:如果特定的道德倾向于环境平等,那么这些被称为责任的相互竞争的伦理主张就是平等的,即体现为高度的个人责任感,而不是结果。该理论基于这样一个事实,总有一种以上的伦理价值观同时在我们的伦理抉择中“竞争”优势地位。基于此,罗斯提出了六种责任。

①依赖于自己以往行为的责任:忠实、赔偿。

②建立在他人过去行为的责任:感激。

③公正的责任:在分配幸福或快乐时,需要保证公平和有益。

④仁慈的责任:确实有一些人的境地能在我们的帮助下得到改善。

⑤自我改进的责任:确实能够改善自己的条件。

⑥不要伤害他人的责任。

另外,在罗斯提出的以上责任中,还蕴含以下两种责任。

①诚实的责任。

②教育的责任:帮助他人达到某种程度的自尊和成就。

义务论是与功利主义相对立的、强调对社会和他人的责任和义务重要性的伦理观。罗斯认为,义务是出自对实践法则的纯粹敬重而产生的行动必然性,只有出于义务而非出于任何偏好的行为才具有道德价值。道德价值仅仅取决于据以发生意愿的原则而非结果或意图。罗斯提出的多重责任概念允许伦理抉择者对一种选择重要的方方面面进行评价和考虑,而不会降低遵守某些规则的价值。罗斯将责任分为两类,即当然责任和专有责任。当然责任是指那些由于行为本身特性而显得正确的责任,专有责任是指那些在特定环境下极其重要的责任。

罗斯提出用显见义务学说来解决伦理冲突问题。显见义务可给予我们真正的道德上的理由去做出某种行为。显见义务是对自己和他人的责任。人们的行为由这些责任之间的平衡所规定,总有一种伦理价值观在人们的伦理抉择中处于竞争优势地位。罗斯列出了忠诚、补偿、感激、正义、仁慈、自我提高和不作恶七种基本的显见义务,后将其简略成五项,即忠诚、补偿、感激、善的促进和不作恶。罗斯认为义务具有不证自明的特性,人们在遇到道德冲突时凭直觉就可以直接知道应该履行哪一种义务,这一点常为学界诟病。显见义务及其基础——直觉本身的缺陷,导致其没有达到它解决道德冲突的目的①。

(二)儒家伦理中的义务观思想

儒家伦理之所以是以义务论为基础的,与孔子所处的社会背景直接相关。"春秋"乃是乱世,因此孔子追求的目标是建立起一种稳定的秩序。他试图通过倡立"忠""孝"之类的伦理价值观念,来巩固"君君、臣臣、父父、子子"这样的社会等级秩序。后来的儒家学者依此发展出一套自我道德修炼的心性哲学。这样的伦理观主导了中国文化达两千多年之久。在前现代社会里,它之所以能够被历代王朝所"独尊",正是因为它具有维护既有的统治秩序这一特点。不过这种等级制的封建秩序,与以自由和民主为基础的现代社会,却是不相容的。现代社会固然也需要社会秩序保持稳定,需要有责任、义务性的伦理,但是这种伦理需要的前提应当是对权利的肯定与维护。只有这样的伦理,才是公平正义的伦理。

本书中所说的"儒家伦理",是指以孔子、孟子为代表的儒家学派的主流伦理学说,其基本道德规范,如忠、孝、仁、义等,显然都是一些道德上的义务,而不是权利,如"忠"是臣民对君王的义务,"孝"是子女对长辈的义务等。

---

① 崔剑荣.罗斯伦理规范理论研究[D].太原:太原理工大学,2012.

因此从本质上说,儒家学派所推行的伦理,是一种以道德"义务"为本位的伦理,我们可以把它称为"义务论"的伦理。这里所说的"义务论",是与"权利论"相对的一个概念,是指单方面强调道德的义务,而忽视道德的权利,如"生命"与"自由"等。儒家伦理片面地强调义务。义务与权利本来是对等的、不可分离的。一个人有尊重他者的尊严的义务,反之也有被尊重的权利。儒家伦理的单边义务论的性质,尤其在作为伦常的"三纲"中表现得特别明显。在"三纲"中,地位在下者无疑只有对在上者的义务,而无权利可言①。

本书中所说的这种义务论,并不是与德性论完全相对的。相反,儒家的义务论是一种基于德性的伦理,它关注的主要是"德"以及作为其基础的"善"。它是以对道德主体的德性培育与人格修养为目的,而形成的一种德性的义务论规范。在伦理学中,义务论的基本内涵是规范人们在道德上的责任,其表现为某些"应为"。儒家的义务论规范人们的道德责任,这本身并没有错,但由于儒家学派既缺乏关于权利的意识,儒家的义务论也缺乏关于权利的内容,因此,它成了单边的义务论。

此外,中国的多元价值体系还表现在许多方面。比如,中国人的义利观体现于"君子喻于义,小人喻于利",德力观体现于"君子以德,小人以力",群己观体现于"君者,善群也"和庄子的"独有之人是谓至贵",天人观体现于儒家的"事在人为"和道家的"无为而无不为",义生观体现于儒家的"杀身成仁,舍生取义"和道家的"绝仁弃义",德智观体现于的"唯才是举"。虽然不同学派学说表现出来的价值体系各不相同,但是将各家观点融会贯通,便形成了中国人的多元价值体系。

(三)应用拓展

与康德相比,罗斯考虑了各种义务间相冲突的情形,他认为总有一种义务处于竞争优势的地位,这就是"显见义务"。换言之,新闻工作者在新闻伦理困境中最后选择实施的行为应为"显见义务"。同时,新闻工作者时常会遇到当然责任与专有责任产生矛盾的场景,这个时候便需要根据现实场景选择优先级较高的责任并进行坚守。

---

① 陈嘉明.中国现代化视角下的儒家义务论伦理[J].中国社会科学,2016(9):40-54.

罗斯的多重责任观念有助于解释“为什么我们在失责时感到不自在,即使我们这样做是正当的”。因为在伦理抉择中,我们履行了一项专有责任,必然破坏了另一项当然责任。

比如在地震中,首批到达灾区现场的一名记者,在行车途中遇到几位重伤员家属求救,希望记者用采访车将伤员运送至医院。记者认为若尽快了解灾区情况并告知上级和社会,将会动员更多救援力量加入,使更多生命获救,于是选择继续前往灾区中心而放弃营救伤员。此时便是作为记者的第一时间进行现场报道的当然责任与此时救助伤员的专有责任产生了矛盾,如何抉择应当根据此时的伤员伤情与其他同事的进度结合来看,但是从仁慈的责任来看,此时应当尽量选择对伤员进行救助,并同时考虑采用其他方法以履行不耽误报道的当然责任①。

生命的神圣不可侵犯、人身心的完整、人格尊严不可侵犯等基本权利在其他价值、利益面前具有优先性,其他价值、利益与之发生冲突时应为之让位。在新闻伦理困境中,新闻工作者不应仅仅把新闻当事人及相关人员当成完成工作的手段,而要尊重其个体价值,将对其生命、人格尊严的尊重等始终视为“显见义务”,只有这样才能做出适合当时情境的恰当选择。依照康德的“人是目的”这一原则来判断“显见义务”,新闻界的许多伦理失范现象都可以避免。例如,守株待兔式地拍摄行人在结冰地面上摔倒的情形也会不复再现。

六、韦伯与儒家学派的责任伦理思想

(一)韦伯:意图伦理与责任伦理

意图伦理是德国社会学家马克斯·韦伯提出的一个重要学术概念。意图伦理也被称为“心态伦理”“信念伦理”“信仰伦理”“心情伦理”。所谓意图伦理,简单来说,就是只考虑行为意图的高尚、公道和周正,而不问此种行为本身是否正当以及在事实上将会导致何种后果。根据意图伦理理论,只要行为意图是善的,行为本身也肯定是善的,尽管此行为在复杂社会环境下导

① 熊天慧.义务论视角下的新闻伦理困境[J].今传媒,2021,29(2):134-136.

致了并不善甚至可能是恶的后果,但这并不是行动者及其行为本身的过错,而是他人没有很好领会此种意图或没有很好按照此种意图去执行,或者由于冥冥之中有神秘力量暗中作梗。

韦伯在《政治作为天职》一书中首次提出“责任伦理”的概念,且对“责任伦理”与“意图伦理”进行了区分,认为它是一种独特的伦理精神,并以此作为一种特殊的道德准则对政治行为进行道德评价,来说明何为“以政治为业”。

20 世纪 70 年代以来,责任伦理在西方伦理学界被当作全人类应当遵循的一种普遍(而非仅仅适用于对政治行为做道德评价)的伦理精神,出现了汉斯・约纳斯、汉斯・伦克等享有世界级声誉的责任伦理理论家,并日益受到包括当代中国伦理学者在内的许多东方国家伦理学者的广泛关注和高度重视。

责任伦理是一种涉及对行为及其后果的评价与担当意识的伦理。它追问行为本身的善恶以及行为后果的良窳。笃信责任伦理的学者对人们主观意图的善恶抱有理性的怀疑态度,并否定一切对善的虚饰和恶的行为。它要求人们必须为自己涉及他人和社会的行为做出交代和说明,必须承受与此行为相关的所有人对此种行为是否正当的审判和评价。

责任伦理是从伦理学的视角来对人的行为及其后果进行道德评判、价值指引,以此说明人要对其行为及其后果承担相应的责任,从而实现应有的伦理价值。责任伦理作为一种新的道德,不同于传统伦理中以“己”为本位的道德,是一种“他者”责任;亦不同于传统伦理中的“简单”道德,是一种“复杂”责任。通过与传统伦理学的竞争,责任伦理令人瞩目地跃升为当代伦理学中的一个关键性词语。责任伦理强调人们对他人、自然和社会应具有高度的责任感,人类的行动及其后果要对自然和人类的未来负责,因而应当合理地选择自己的行为方式。

现代社会的专业化和职业化是社会分工带来的必然结果,在现今社会,每个人都在不同的专业领域从事不同的工作。按照责任伦理的要求,我们一旦选定了某个职业,就不能仅仅只把它当作谋生的手段,还应该把自己所从事的职业活动视为一项超功利的“天职”。与信念伦理对人的责任“漠视”不同,责任伦理强调人的责任是无条件的、绝对的,是人性的内在安排,是人与生俱来的品质,无论一个人有何种权势、地位和名望,都没有理由放弃自己的责任。韦伯强调,责任伦理超出信念伦理的地方,是一个人出于对义务的最高信念行事之外,还必须对其行为后果承担相应的责任。

责任伦理重点涉及行为后果的价值和意义,要求人们在采取行动之前应当理性而审慎地权衡,并采用合理的手段或方式来达到或避免可预知的后果,而绝不可盲目行动、贸然行动。责任伦理重点涉及人类的行为与其行为结果之间的关系,强调人担当责任的精神,认为人应该对自己的行为负责。

马克斯·韦伯承认责任伦理与意图伦理是互为补充的,唯有将两者结合在一起,才能使一个人能够担当政治使命①。

(二)儒家学派的责任伦理思想

儒家学派历来强调责任,如《礼记》中体现的天下为公的道德情怀、修身齐家治国平天下的历史使命等。“先天下之忧而忧”“天下兴亡,匹夫有责”更体现了个人担当的责任精神。

忧患意识是中华民族精神的具体表征之一,也是中华民族强烈责任意识的具体体现。以道德责任感为基础的忧患意识是对国家安定和人民幸福的关切,是对个体生存和人类命运的关怀,也是对未来发展变化的关注。孔子说:“君子忧道不忧贫。”虽然孔子自己不忧贫贱,但对百姓的疾苦却非常关心。从某种意义上说,责任意识是一种敢于为社会及自己行为后果负责的担当意识。一方面,只有敢于担当的责任主体,才可能生成这种对后果忧患的责任意识;另一方面,责任意识的生成又能促使人在行动中自觉地担当其责任主体的角色。

儒家学派认为春秋时期礼崩乐坏的根本原因在于名实相违,主张通过“正名”(即确定名分),来明确人们的身份、名位及其分内之责。每个人都履行了自己名分所规定的职责,那么就构建了社会的伦理秩序。

---

① 伍洪杏.浅析中国传统儒道的责任伦理资源[J].理论与改革,2014(1):122-125.

在政治生活中,儒家学派要求从政者"克己复礼",遵循责任伦理,不要违法,不要滥用权力。孟子认为,任何人——无论是普通人、官员,还是君王,如果不能很好地履行职责,都应该受到相应的惩罚。普通人没有尽到责任,辜负了朋友的信任,要受到道德上的谴责。

由于历史的局限,儒家学派所倡导的权利和责任有尊卑贵贱之分和宗法等级色彩,且追问统治者的责任也无法在政治实践中落实。但不可否认,儒家思想中所包含的责任伦理思想,对当前的责任伦理建设仍具有借鉴意义。

(三)应用拓展

意图伦理的确立是基于善因与善果之间存在一种简单对应关系的主观认定。而现实世界并非如此,韦伯认为,很多时候,要获得善的结果,往往要付出非善的代价。我们不能认为只要出发点是好的,我们做了的事情就应该得到原谅和宽恕。所以,意图伦理具有不可靠性和危险性。

在人与人的社会性相处过程中,需要彼此之间的宽容,互相尊重各自的行为选择。不能以自我的好恶标准去衡量判断他人的行为选择。一个人的行为只要没有损害他人利益或者社会的公序良俗,哪怕在当时被视为不道德的行为,也不应该动用法律的强制力对这个人进行制裁和惩罚。

某明星常常在社交网站分享儿子"萌照"。但该明星一日在微博晒出儿子照片时,正值国家举行重要活动,因而该明星被不少网友批评。虽然该明星事后道歉了,但是对于理性的公众来说,这种道歉无疑是被迫的。道歉就意味着向网络压力低头。这种网络压力,显然不是一种理性的网络民意。当然,要求该明星道歉者是不会把自己的意见当成网络暴力的,他们认为自己是在进行正当的舆论监督。之所以有这样的感受,是因为他们支配、判断自己行为的思维是"意图伦理"——只要认为自己的意图是好的,那么就不必问行为的性质如何、结果如何;因为,既然意图是好的,那么行为就应该是好的,结果就应该是好的。

与"意图伦理"相对应的概念是"责任伦理"。显然,在现代社会,我们更需要的是"责任伦理"——即便人们不认同该明星的做法,也不会要求其道歉,因为一旦要求就破坏了自由的边界,就让消极自由不复存在,就让良好意图变成一种真实伤害。这种结果,显然不是一个理性且对社会充满责任的人希望看到的。

有时,网络舆情未必等于网络民意,因为网络舆情的表达主体可能只是网民的一部分。网络舆情在某个特定情境下,可能呈现出情绪化、极端化特征。尤其需要注意的是,当网络舆情的表达主体陷入“意图伦理”思维时,他们站在道德高地作出的监督,就会成为一种真实的道德绑架,就会成为一种赤裸裸的网络暴力。

综上,在现实生活中,不管是媒体、公众,还是个人,都应该遵循“责任伦理”的行为准则。在“意图伦理”的指导下,人们往往会做出不可靠的、冲动的选择,尽管出发点可能是好的。只有在“责任伦理”的指导下,才能做出正确的、负责任的选择。

七、社群主义视域下的新闻伦理

(一)西方社群主义:社会公正

20 世纪 80 年代以后,以批判罗尔斯的《正义论》为标志,北美思想界出现了一股“社群主义”思潮,其代表人物有麦金泰尔、桑德尔、泰勒和沃尔策等人。这些社群主义学者虽然彼此的社会思想不一,其关注的具体社会与政治问题也不尽相同,但在思想旨趣上却有共同点,这就是强调人是“社群”的动物,而与传统自由主义学者将人理解为“个体的人”的自我观相反。

社群主义学者反对新自由主义学者把自我和个人当作理解和分析社会政治现象和政治制度的基本变量,而是认为个人及其自我最终是由他或她所在的社群决定的。因此,他们认为社群才是进行政治分析的基本变量,而个人及其自我最终由他或她所在的社群决定,用公益政治学代替权利政治学是社群主义学者的根本主张。

社群主义学者是在批判新自由主义的过程中发展起来的,与此相一致,社群主义学者强调国家、家庭和社区的价值,倡导爱国主义。在价值观上,社群主义学者强调集体权利优先的原则。

社群主义学者重视社群参与者之间的互动,认为这些人为共同的目标而聚在一起,并同意那些支配着社群秩序的规则。这种观点的支持者相信,和谐在某种程度上产生于对社群政策的认同,且该认同出自合理的需求,而不是被任意强加的。社群的成员需承担达成共同目标的责任。

经典的伦理学理论强调诸如个性、选择、自由和责任等概念,从而着重赋予个人和个人行为理性因素。但是经典伦理学理论在当前环境中容易导致新的问题出现,最突出的就是会导致"集体无意识",比如个人开燃油车是恰当的选择,但是就整体环境而言,所有人开燃油车会促使环境恶化。所以,伦理学在很多时候面临对某些问题无法解决的困境,而社群主义学者则尝试从新的理论角度对解决这些问题提供指导。

社群主义学者强调以历史和动态的角度解释社会。社群主义学者认为,人们彼此之间都有某些无法逃避的权利要求,除非以人性为代价,否则不能拒绝这些要求。换句话说,社群主义学者认为,在遇到政治和社会问题时,社群比个人重要,但也不会将个人置之不理。社群主义学者关注个人对伦理的选择,认为个人对伦理的选择并不是互不相连的选择,而是作用于社会的选择合力。所以,社群主义学者主张,社会公正是占主导地位的道德价值观。

(二)儒家社群主义

儒家社群主义作为一种社会与政治思想理论,其基本思想观念在先秦儒家学派那里就已具备。但儒家社群主义作为一种完备的思想理论系统,却完成于宋代,代表性事件就是"四书"理论思想系统的提出。"四书"之所以被视为儒家社群主义的基本文本,在于其集中讨论了儒家社群主义涉及的几个基本问题:人的本质是什么?社群的本质是什么?人如何通过社群成长为人?国家与社会管理的目标与方法是什么?这些问题,既是儒家社群主义的核心问题,也是西方社群主义学者关心的社会与政治问题。

儒家社群主义的基本思想观念主要包括以下四个方面。

其一,儒家社群主义的自我观。孔子认为,人的本质属性不是他的生物属性,而是其社会属性。这种社会属性在孔子看来,就是"仁"与"礼"。在具体的家庭伦理以及社会政治伦理方面,孔子将人的本质存在规定为"君君,臣臣,父父,子子"。这就是孔子提倡的社会伦理,也是他对于"人应该是什么"的根本观点。

其二,儒家社群主义的社群观。在“四书”中,对儒家的社群观做了集中讨论的是《孟子》。在《孟子》一书中,可知社群是划分为家庭(包括家族)、国家和天下的。换言之,家庭(家族)、国家和天下分别是社群的三大形式。孟子及其门人既讨论了这三种不同的社群形式之间的关系,同时又将国家作为最重要的社群形式做了重点阐述。因此,《孟子》的社群观,其实是一种以国家为中心的社群观。

其三,儒家社群主义的群己观。整个“四书”将群己关系作为论述的重点,而以较完整的理论形式对这个问题做了系统阐明的是《中庸》。对于儒家学派来说,个体价值与群体价值不是对立的,而是相辅相成的。对这种相辅相成的关系,儒家学派视之为既“成人”又“成己”的关系。也就是说,儒家学派认为,“成己”的目的是“成人”,而“成人”又必须从“成己”做起[①]。

其四,儒家社群主义的国家管理观。“四书”不仅对个体的本质、社群的意义,以及个体与群体之间的关系做了探讨,还对如何进行社会管理提出了一套看法。但在整个“四书”体系中,系统地论述这个问题的还是《大学》,这就是《大学》中的“三纲领、八条目”原则。所谓“三纲领”,是“明明德”“亲民”“止于至善”。其大意是:统治者要把移风易俗、提高社会的道德水平作为施政的首要目标,并且要使社会的道德风俗不断地趋于美好。所谓“八条目”,是“格物”“致知”“诚意”“正心”“修身”“齐家”“治国”“平天下”。“八条目”是儒家治理国家的系统方法论原则。

儒家社群主义既有一般社群主义的共性,同时又有不同于西方社群主义的特点。根据儒家社群主义,个人被理解为社群的动物,个人通过与他人,尤其是与整个社会进行交往才得以确立其存在的意义。在看待个体与群体的关系问题上,儒家学派重视与提倡群体价值,认为个体价值要服从于群体价值,甚至认为个体价值只有在群体价值的实现中才能实现。此外,儒家学派强调与提倡社会的公共善,认为对国家的统治需要借助于这种公共善,并将公共善与社会美德视为理想社会的最高目标。

---

① 胡伟希.儒家社群主义略论[J].文史哲,2006(4):31-37.

（三）中西方社群主义的异同

众所周知，社群主义学者强调共同体对个人的重要意义，旨在克服因个人权利过度使用所造成的缺陷和弊端，他们认为“自由主义的过分发展造成了社群价值观的衰退，并力图把社群利益置于政治话语的中心”。儒家学派持与其相近的观念和立场，甚至与社群主义学者的权利观有异曲同工之妙。有所不同的是，儒家学说对权利与义务缺乏明确的刚性规定，甚至会显得有些模糊，这和西方社会对权利和义务的清晰界限并不相同。

就作为权利主体的个人而言，社群主义学者认为其既具有社会性，同时也是独立和自治的。相比之下，儒家思想中的个人权利概念相对模糊，而这是由对个体独立性认识不足乃至缺位所造成的。虽然儒家学派所理解的个体并非仅具有社群性而失去独立性，但是这种独立人格仅仅是道义层面的，从来都不会涉及权利本身。社群主义权利观的出发点应是作为权利主体的个人，个人权利本身构成其社会关系的前提和基础。而儒家思想则发端于家庭和宗族，家庭和宗族成员的身份决定了个体享有何种权利以及需要遵守哪些礼仪规范①。

就个人与社会的关系而言，儒家学派主张采取整体主义的论证思路，其首先关注的不是原子式的个人，而是将网络式的社群或共同体作为其逻辑起点。如果说西方权利观念遵循的是己身优先原则，其以不同个体之间消极的“互不害”为底线，那么儒家权利观念则按照他者优先的原则行事，即追求不同个体之间的积极互惠，正所谓惠己及人。

儒家学派将国家理解为“信赖型共同体”，国家与个人非但不会彼此对立，相互间反而存在某种信赖关系。较之西方社会的“弱国家-强个人”而言，国家与个人在中国传统社会中的强弱关系恰好颠倒过来，其间的个体会显得相当无私和异常顺从，由此便形成自上而下的社会结构。

（四）应用拓展

在讨论新闻伦理问题时应用社群主义理论十分适合，尤其是在对互联

---

① 曹晟旻. 中西方视域下的“群己权界论”：基于对儒家与社群主义的比较解读[J]. 中南大学学报（社会科学版），2020，26(3)：50-57.

网新闻伦理事件的分析中,更容易用到社群主义理论。

一则案例是博主围堵奥运冠军老家,给其家人带来困扰。东京奥运会赛场上我国某女运动员发挥出色,一战成名。她率真的性格、稚嫩的脸庞立刻引起广大群众的喜爱与好奇。随后,一群短视频博主就此赶往该运动员家乡,拍摄有关其家人的短视频并就地直播,甚至有博主在其家门口直播带货,已经严重影响到了该运动员及其家人的正常生活。社群主义学者主张社会公众的道德价值观是占主导地位的道德价值观[①]。在这一事件中,因为以广大网友为代表的社会公众对该运动员喜爱和对其生活好奇,许多短视频博主为追求流量,进一步满足广大网友的需要。随后,公众巨大的好奇心促使博主更加疯狂地围堵、拍摄,甚至在其家门口进行直播。然而,这样的行为却侵犯了该运动员本人及其家人的隐私权。

社群主义学者强调个体对于所在圈子的认同感,强调纽带对于个体的道德维系,强调群体的文化归属及对共同目标的追求,宣扬个体不能随意抛弃塑造个体自我认同的社群背景。正因为如此,网民一旦出现站队现象,结成小圈子,就难以改变刻板印象。这种情况在网络传播中屡见不鲜,在网络中人们的责任感降低,更容易在整体舆论风向的影响下发表不理智的言论或做出不理智的行为。

总之,在互联网时代背景下,社群主义的影响力具有两面性。一方面,社群主义让人们遵循一种共同的"善",这种"善"使得人们无法逾越道德红线;另一方面,社群主义容易引发激进的心态,对公众人物的"骂战"容易造成对当事人的精神甚至人身的伤害,若产生聚焦于一点的网络暴力,也容易引发对当事人隐私权的二次侵犯。基于社群主义,也会产生属于小圈子的利益追求,如对奥运冠军疯狂的好奇心,在追求这类利益的时候往往也会伤害少部分人,从而产生不良影响。

---

① 帕特森,威尔金斯.媒介伦理学问题与案例[M].李青藜,译.北京:中国人民大学出版社,2006:80-85.

第二节 伦理抉择框架

一、博克模式

(一)分析方法

博克模式是美国学者西塞拉·博克提出的一种伦理抉择框架。他在著作《说谎:公共与私人生活中的道德选择》一书中最早提出这一模式。使用博克模式进行分析的前提为:第一,我们必须对不得不做出伦理选择的人心怀同情(不能带有先入为主的偏见);第二,维持社会的信任是基本目标。

使用博克模式时,一般对伦理问题分三步进行分析。

首先,问问自己的良心,什么是"正确"的行为?你对这一行为有什么感觉?

其次,寻找专家的意见,了解是否有其他方式可以代替将会带来伦理问题的行为?对专家的选择比较广泛,包括伦理学家、行业专家。尝试用其他方法解决,尽量不要在伦理范围内解决。

再次,如果可能,与面临同一问题的伙伴进行公开讨论。讨论问题的目的是发现其中已显现的影响与作用。

注意事项包括以下两方面。

首先,程序要完备。在做出最后决定之前要将三个步骤都完成,因为每一个步骤解决的是不同问题,且三个步骤有程度区分:第一个步骤关乎个人行为,第二个步骤涉及相互关系,第三个步骤还原现实情景。

其次,事先做好预案。现实中的案例常常会造成两难的伦理困境,需要有所准备,以防万一。

(二)实践应用

微博上一个女孩引起众人瞩目。她在微博上的生活照显示,她开玛莎拉蒂跑车,在别墅开生日会,皮包、手机、手表都是昂贵的奢侈品,而她微博认证的身份与某公益组织有关联。这些微博引发了公众对其财富来源的强烈质疑和对该公益组织的信任危机。

事件假设:你是一名当事记者。

本人要求:不要报道,会损害个人形象。

该公益组织要求:报道会影响公益组织形象,不利于公益组织帮助更多需要帮助的人。

抉择困境:报道还是不报道?

应用博克模式进行分析

1.问问自己的良心

(1)新闻工作者的职业责任:作为一名新闻记者,应当时刻谨记职业责任,及时、真实、客观地报道事件。

(2)新闻工作者的社会责任:真实的报道会在短期内影响到该公益组织的声誉与现状,在短期内对公众利益会造成一定的损失。

2.变通的方法

(1)简单报道新闻:既没有坚守新闻工作者的职业责任,也未能对该公益组织工作进行严格监督,可能使该公益组织继续保持不清不楚的工作状态,损害公众长期利益。

(2)真实严格的调查报道:揭露该公益组织工作真相,造成该公益组织短期利益受损,促进相关机构对该公益组织进行监督,有利于公众更长远利益的实现。

(3)不报道新闻:放纵该公益组织继续沉沦,引起越来越多的组织效仿,公众的长期利益被严重损害。

3.尝试与所有当事人进行公开伦理对话

记者:应当报道新闻事实。

该公益组织:应当尽量保障权益与声誉,保证工作正常运行。

读者:知晓真相。

当事人:个人形象需要维护和保护。

(三)评价与讨论

博克模式并没有得到广泛的认可与运用。博克模式的理论性较强,但实际操作起来比较困难。比如,关于良心的概念难以界定,确定何为正确的行为更是难上加难,有时候公开讨论也不适合现实情境。

笔者认为,博克模式虽有一定局限性,但不能因此否认其价值。变通的方法意在表明,新闻工作者在面对伦理困境之时,是否有其他方法达到同样的目的,而又能够避免或是在一程度上缓和道德冲突,即以最适当的方式报道。博克模式中的公开讨论,无论是现实的抑或是设想的,意在为我们提供一种基于相关当事人以不同立场思考问题的视角。公开讨论虽然有时无法在现场进行,设想的公开讨论也可能因时间仓促而无法进行,但相关的讨论可在报道的前期及后期进行。前期的讨论重在预防,使新闻工作者不至于在面对道德冲突之时,以职业要求作为唯一的标准;后期的讨论重在警诫,有利于新闻工作者自省并通过外在监督完善自身,从而避免出现失范行为①。

类似的讨论可以在媒体日常的活动中进行,通过讨论对各方意见加以了解,为新闻工作者做出选择提供更全面的思考角度。综上所述,新闻工作者在面对冲突之时,应注重多维度思考与综合把握,将公开讨论理解为仅在现场进行则过于狭隘,未能理解公开讨论的实质。新闻工作者要将伦理思考与践行充分结合,做出合乎伦理道德的抉择。

二、波特图式

(一)分析方法

波特图式由哈佛大学教授拉尔夫·波特在 20 世纪 50 年代提出。传播学者克利福德·克里斯琴斯等人最早在其著作《媒介伦理:案例与道德推理》一书中将波特图式表示出来,并将其引入传播学的研究领域。由于波特图式是具有可操作性和针对性的,其目的就是让美国的新闻工作者通过伦理推理为自己的选择或者报道提出充足的依据,从而更理性地工作。应用波特图式分析的具体步骤如下。

(1)给出定义。要分析伦理问题,首先要通过分析现有情况,对目前案例所处的情境给出定义。这里所谓的定义,即陈述事实,或者可以称为描述现状。

(2)给出原因,即询问为什么会这样。从伦理学的角度来说,这一步的

---

① 李晓.博克模式的再认识:以菲律宾人质事件报道为例[J].东南传播,2012(1):48-50.

目的即要找出各自做法背后坚持的价值理念或者价值标准。

(3)寻找用于分析的理论(伦理准则)。

(4)分析现实问题,即这么做忠诚于谁。这一步分析至关重要,是让伦理问题重新回归到对现实问题的解决当中。

至此,完成了利用波特图式分析现实问题和伦理问题的全部过程。但是要看到,对现实问题的分析往往更为复杂,波特图式只是一个简化的模式。在做出新闻报道的伦理抉择时,真心服务社会的新闻工作者必须在不同的社会集团中做出属于自己的合理选择。

(二)实践应用

2019年3月30日18时许,海拔3800米的四川省凉山彝族自治州木里藏族自治县雅砻江镇立尔村发生森林火灾。这场火灾经查是雷击火产生,整整蔓延5天,直到4月5日才得到控制,但4月7日又产生复燃现象。截至2019年4月4日15时15分,这次森林火灾已造成31人遇难,其中消防员27名,当地群众4名。事件发生后,4月1日《人民日报》、央视新闻首先进行报道,很快引发举国关注,随后凉山当地媒体和国内其他地方媒体纷纷进行跟踪报道。对这一事件密集的新闻报道也折射出一定的报道伦理问题。

1. 定义

定义就是分析案例的具体情况,即所报道的细节和经验性事实。这一新闻事件是:2019年3月30日四川凉山彝族自治州木里藏族自治县发生森林火灾,造成31名救火者遇难。事发后当地政府也发布事故原因调查报告,确认为雷击火。

2. 价值

价值就是媒体在进行报道时的价值观念。媒体在进行报道时,往往要确定报道事件是否具有新闻价值。该新闻事件中,31名救火者遇难,包括27名消防队员,其中一人是“80后”,二十四人是“90后”,两人为“00后”,牺牲时年仅19岁。这一重大自然灾害造成人员伤亡数量之多,牺牲人员之年轻,令人悲痛。

3.原则

原则是新闻工作者在进行报道时,在新闻价值之外所需秉持的新闻伦理和价值尺度。根据密尔的功利主义,即“为最大多数人寻求最大的幸福”这一原则,这一火灾事件应引起国人的警醒,警钟长鸣。但是在报道的过程中也需要坚持新闻伦理,注意某些报道细节,照顾到被采访人的心理和个人隐私等。

4.忠诚

忠诚是指新闻工作者的忠诚归属,即对谁忠诚、对谁承担道德责任。新闻工作者需要对读者和公众负责,满足公众知情需要。但是在这一基础上也要兼顾灾难事故中遇难者家属的感受。对四川森林火灾的新闻报道也同样需要遵循忠诚原则。

5.新闻伦理分析

某媒体记者在事发后采访某参与灭火的消防员时,过于追问灾难细节引起消防员痛苦回忆。报道中该消防员“讲到当时的场景,忽然噎住,呼吸变得急促,张开了嘴,却没能发出声音”。记者不依不饶,继续追问,消防员突然哭了出来,泪水夺眶而出。这两个细节产生了过于消费悲情的倾向,对消防员心理构成了伤害,没有充分考虑被采访人的感受,违背了新闻伦理。该记者为了吸引眼球,行为不当。应该将报道重点放在探究灾害产生原因和思考未来的工作方向上,过于追问消防员于事无补。

事发后,某媒体官方微博报道中出现了某救火英雄的详细生平信息,包括他的籍贯、从小到大的教育经历以及家庭境况,甚至将烈士籍贯与出生地进行划分并对其家人进行曝光。该媒体试图通过这种涉及隐私的报道获得更多烈士的个人信息,以博取点击率和关注度。这一行为侵犯了个人隐私,对烈士家属及亲友生活带来了干扰,对他们在感情上也造成了二次伤害。

2019年4月1—12日的12天内出现了22起针对救火英雄的侮辱性言论,构成了网络暴力。这一自媒体个人行为对社会伦理道德构成了挑战,也对当今和谐社会安定和践行社会主义核心价值观构成了挑战,应该引起足够的重视。

四川森林火灾是一场重大事故,由此也产生了一系列新闻伦理问题,涉及公共新闻媒体和自媒体。该案例具有典型性,基本涵盖了新闻伦理问题的常见表现类型。

(三)评价与讨论

在应用波特图式进行分析时,要注意尽量使波特图式中的所有环节全部完成后再做决定。有些人往往在第二个步骤,即分析原因时就停止不前,这显然不能做出更好的伦理抉择。

波特图式的作用就是解决伦理困境问题。我们在做伦理决定时,需要找到一个普遍适用的理论,以便我们可以在势均力敌的选项中做出选择。

另外,在应用波特图式时,除了要仔细考虑波特图式的每一个步骤,还应该把其看作一个整体,所以在有了具体的忠诚归属后,应对为什么做出最初的判断进行反馈。博克模式为我们在实际生活中遇到的伦理抉择问题提供了一种解决的路径和可能。可以说,两者都为解决现实伦理困境提供了思路。但是两者又有不同。博克模式重在讲述如何规避伦理问题,而波特图式重在分析与解决问题,即事情已经发生之后,找到更为合理、更加得当的解决方法,所以两者的定位不同。在进行总体工作规划时,可以考虑应用博克模式辅助思考,避免出现伦理问题;而当分析具体问题的时候,则要考虑使用波特图式,反思存在伦理问题的原因,并找出最佳的处理方法。

第三章

专题一：后真相时代的新闻真实

第一节　新闻真实性原则

一、导论：每一种传统职业都拥有一条哲学的中心原则

每一种传统职业在其领域内都包含对应的哲学中心原则，相关人员需按照相应原则采取行动。比如，从事法律工作的人，就需要坚守公平、公正。前面提到的李昌钰博士在肯尼迪棕榈滩强奸案中的取证就是法律精神的一种体现，不因外界声音而影响，坚持不偏不倚的审判过程。

除法律行业外，还有很多行业的准则都一一得到体现。比如对于医生来说，提供援助、救死扶伤是其责任的体现。对每个生命的平等、博爱与珍视就是医生的天职。所以在伦理学中，医学伦理学的问题也很值得研究。它体现了一种责任、公平、博爱的哲学精神。

而在教育行业，我们知道，教师被称为“人类灵魂的工程师”。罗斯多元价值理论中的“教育的责任”，柏拉图所阐述的“哲学王”，都是西方哲学家对教师行业从哲学角度的理解，他们认为教师有指引世人向善的责任。孔子所讲的“有教无类”也包含这一思想。同时孔子也讲到要“因材施教”，显然包含了对个性自由的尊重。以上理论都是对教师职业哲学价值的体现。

那么，新闻事业有什么基于哲学的中心原则呢？“真实是新闻的生命，要坚持新闻真实性原则”，一直以来，这个表述是学界与业界的共识。美国著名报人普利策一再强调新闻报道要“准确”。马克思在对于《莱比锡总汇报》的查封的论述中指出，报刊应当“根据事实来描写事实”，而不应当“根据希望来描写事实”。他在主编《莱茵报》时提出：“真实和纯洁是报纸的本质。”显然，从哲学意义考量新闻事业，我们可以说追求新闻自由就是追求真相。所以我们可以说新闻事业崇尚的哲学理想是传播真相、追求真理，也就是说，新闻工作者需要求真。

在苏格拉底之前，古希腊有一个传统，认为真相“包含人类记忆中的一切”，比如《伊利亚特》《奥德赛》《圣经》等中的许多内容都遵循这一观点。

但是,人们对真相的看法在不同语境中相异。比如,2000 多年前,柏拉图用"洞穴之喻"来表明自己关于政治哲学的基本理念。

真相与个人所处的环境相关,真相是相对的。常说的"没去过世界,哪来的世界观",庄子讲的"夏虫不可以语冰"都是以对真相的深刻认识为基础形成的。

二、什么是真相? 变化的真相观

在讲"什么是真相"之前,我们需要明确中西方关于认识真相的不同路径和结果。这里,分别以四个比喻,即"洞穴之喻""太阳之喻""线段之喻""玄珠之喻"来阐释中西方认识真相的途径。

1. 洞穴之喻

在洞穴里观火的人,看到的只是表象,也就是真理的投影。而退出洞穴的人看到火堆,看到事物本身,他进一步了解到了事物的真相。洞穴之喻指出的关于对真相的认识是大体符合现实情境的。洞穴之喻如图 3-1所示。

图 3-1 洞穴之喻

2. 太阳之喻

“太阳之喻”是苏格拉底对人认识事物、获取知识的能力的一种形象性的说法和比喻。

苏格拉底用太阳比喻“善”,用视觉比喻理性,也就是求知的能力,用物体比喻理念,物体还指事物的形状、形式、风格和类别等。那么我们如何看事物,如何去认识“善”呢?

人首先看到事物的形状、形式等,再形成相应的认知,而看到物体,必须借助太阳光。苏格拉底以太阳为比喻,苏格拉底认为是“善”使“理性”能被看到。判断使得我们在认识事物时,可看到其背后的逻辑。我们在日常生活中做出判断所依循的就是受到“善”熏陶的高尚理念。理解太阳之喻可以借助“性善论”。太阳之喻如图 3-2 所示。

图 3-2 太阳之喻

3. 线段之喻

进一步而言,我们认识的世界是很真实、很复杂的。借助太阳光,我们可看到事物。对于简单的事物来说是这样,但对知识体系来说,则不是如此。那么复杂的世界与苏格拉底的理论体系之间的关系又如何呢?这里,苏格拉底用“线段之喻”来做进一步的证明(见图 3-3)。

苏格拉底将知识体系分为可见世界与可知世界,也就是意见和知识。意见是较低级的可见世界,知识是较高级的可知世界。苏格拉底用线段来

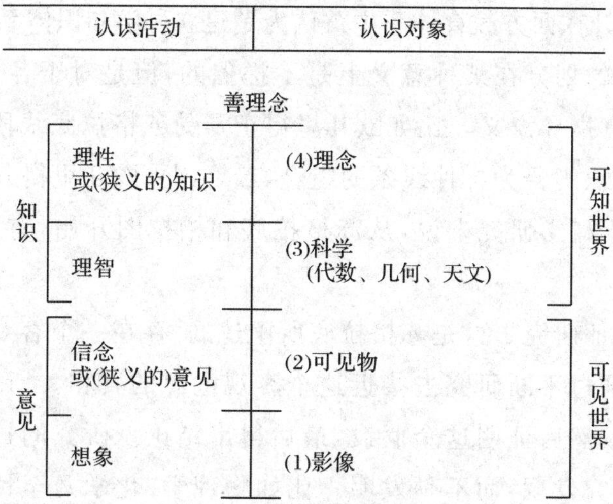

图 3-3　线段之喻

表示区别,即用线段把世界分为可见世界和可知世界两部分。他进一步将可见世界和可知世界又分别用线段划分为清楚和不清楚两部分,通俗地以低级和高级来表示。在可见世界中,较为低级的是可见中的可视,比如影像、阴影等;较为高级的是可见中的可知,比如可见物等。

而可知世界也可分为较低级和较高级两部分。较低级的是可知中的可见,比如几何、代数;较高级的是可知中的可知,比如理念。苏格拉底曾说"人自身凭借辩证法的力量而认识到的那种东西",包括美、正义、勇敢等,而最高的理念是善。

按照柏拉图的说法,诗和艺术都属于认识的幻想阶段,文艺作品中的人和事都是作者个人想象的产物。所以,对于线段之喻,我们可以得出几点推论。

首先,对人的灵魂来说,从低到高有四种不同的功能:想象、信念、理性和理智。想象和信念处于意见领域,理性和理智处于知识领域。

其次,对于知识体系,按照苏格拉底的说法,诗歌、艺术等属于较低级的学科,数学、化学等属于较高级的学科,而哲学,包括伦理学、美学等属于最高级的学科。西方的博士学位被称为 doctor of philosophy,即哲学博士,也就意味着从本科,到硕士,再到博士,学科级别的上升与知识体系的抽象化成正比。

学科级别的上升在西方教育体系中被认为是建立科学知识体系的过程。

这样简单的划分在某种意义上是不提倡的,但是对于各个学科的发展来说,确实具有指导意义。比如欧几里得正是受苏格拉底线段之喻的启发,将对世界的认识阐释为各种线条的组合,最终创立欧几里得几何学。

再次,对于科学研究来说,从苏格拉底和柏拉图开始,有了两种不同的研究范式。

一种是实证研究。这是苏格拉底所阐述的“存在一个客观世界”的世界观的前提,即通过不断研究去接近这个客观世界的真相。所以实证研究都强调理论假设,然后证明这个假设,最后得出结论。研究的过程是论证,研究的结果是研究发现,而不是发明。比如物理学、化学乃至社会学,甚至传播学领域的学者都在强调实证研究。

另一种是规范研究。这是由苏格拉底的“可知世界的可知”部分得出的,即根据假设,按照事物内在联系,运用逻辑推理得出结论。较为典型的就是哲学研究,即从一个概念到另一个概念,属于纯概念间的启发,注重逻辑推理。再比如,经济学中体现规范性的研究,亦是通过演绎推理,得出经济目标、政策的好坏。

大体来说,学者做研究、写文章都遵循以上两种范式,但是从苏格拉底所阐述的理论来看,哲学是高于其他学科的最高的学科。规范研究是优于或者高于实证研究的。因为规范研究更强调思辨性以及逻辑的严密性。而在现实中,部分学生所做的研究、所写的论文,既无严密的逻辑推理,也无科学的实证材料,信马由缰,不知所云,从研究范式的路径而言,他们需要转换思维方式,提升论文写作的规范性。

4. 玄珠之喻

与苏格拉底、柏拉图用“太阳之喻”“线段之喻”和“洞穴之喻”来说明西方哲学传统和科学体系相比,庄子的“玄珠之喻”亦有独到之处。

在《庄子·天地》中有这样一个故事——“黄帝失玄珠”。

黄帝游乎赤水之北,登乎昆仑之丘而南望。还归,遗其玄珠。使知索之而不得,使离朱索之而不得,使喫诟索之而不得也,乃使象罔,象罔得之。黄帝曰:“异哉!象罔乃可以得之乎?”

故事含义大概如下。

黄帝在赤水的北岸游玩,登上昆仑山巅向南观望,不久返回而丢失玄珠。派才智超群的知去寻找未能找到,派善于明察的离朱去寻找未能找到,派善于闻声辨言的喫诟去寻找也未能找到。于是让无智、无视、无闻的象罔去寻找,而象罔找回了玄珠。黄帝说:"奇怪啊!象罔方才能够找到吗?"

从这个故事中可以窥见古希腊传统哲学与中国传统哲学的一致性。"知"和"离朱"代表对可见世界的认识方式,"喫诟"和"象罔"代表对可知世界的认识方式。"知"代表智慧、知识;"离朱"代表眼睛、可见;"喫诟"代表语言,"象罔"代表心性、体悟。

按照庄子的说法,寻找玄珠也就是寻找中国传统中的"道"。需要按照以往的经验,即现有的知识,超越眼睛所见的表象,剥离开大家口口相传的语言,通过体悟、修炼,达到"无知""无见""无言"的境界,回归本性,用心体悟,才能得到最后的大道。

所以在柏拉图和庄子看来,对真理、真相的索取,都需要剥离表象,深入内在,这是二人的相同之处。

但是二人的出发点及落脚点存在本质的不同。柏拉图所讲的至高的善是客观存在的,人只能通过不断求索去接近。但庄子的道关乎内心,需要不断地修炼与体悟以达到平衡。这也就呈现了中西方哲学家认识真相的不同特征。

庄子崇尚内化于心,内化于万物。庄子不断用象形的事物去体现、证明,例如他所说的"道"是指天地万物的运行,是四季更迭,并以此来证明事物变化;而西方的柏拉图式的哲学是外化于物,不断地进行抽象,形成形而上学的抽象思维。例如,描述一张桌子的长宽高,便是从几何学的维度来讨论;也可以从相对论出发,去观察十年前和十年后对同样一张桌子的认识存在怎样的变化。

按照这样的不同路径,中国的经典很多是以语录体的方式记载的,比如《论语》。具体而言,古代中国人的宇宙观是"天人合一",世界观是"天下",生命意义是"追求感觉"。古代西方人的宇宙观是天堂、人间分开,世界观是列王分立,生命意义是"追求理性"。

但是,以上传统并不是绝对的,在实际生活中显然还会因个体的差异而产生不同。此外,中西方两种认识方式和哲学传统本无优劣之分。比如对于中国人来说,秉持“行胜于言”这一传统,所以中国人的行动力很强。按照中国的学术传统,几千年来都是不断在对经典进行阐释。所谓“六经注我,我注六经”,即根据自身经验不断地因己所需进行阐释。而关于科学的传统,由于没有形而上的思辨和抽离,一直发展不快。

总而言之,人类关于真相的知识,如同人类所知的其他知识一样,经历了一个不断变化、发展的过程。对于真相历史意义的把握,是为了后面更好地讲明对真相的不同理解和真相的本质。也就是说,在不同的理解范围与境况下,我们所面对的真相是不同的。

下面我们来分别论述。

第一,苏格拉底之前:根据希腊传统,真相包含人类记忆中的一切。

在苏格拉底之前,希腊还没有文字记载的书写史,流行口语文化,处于传播学中所划分的口语传播时期。口语传播时期的信息往往以歌或诗的形式出现,并被世代相传,不断重复,因此也被称为史诗时代。比如,《荷马史诗》的《伊利亚特》《奥德赛》等,都是口口相传,最后被整理成文学作品。信息依靠人类的口语传播与记忆而传递,这也就意味着被记住并流传下来的东西就是真相。

然而随着时代发展,一旦文字出现后,口语观念就会被逐渐摒弃。近代以来,由于电视的出现,观众能够看到别人讲话时的影像,就如同看到讲话者本人一样,体验缺席的“在场”,因此人们在视觉、听觉层面上会认为电视传播的画面、声音以及所包含的信息与现实状况基本吻合。比如,为什么我们说“眼见为实”,就是因为从某种意义上来说,真相是与画面和现场联系在一起的。

第二,柏拉图:真相抽象地存在于“完美世界”。

柏拉图提出了不同以往的真相观。

在“洞穴之喻”中,人们看到被火投映到山洞墙壁上的物体的影子,便以为那是世界的全部。与之相似,柏拉图将真相等同于完美的世界。他认为,人们只有通过间接的手段才能认识这个世界。举例而言,因循椅子的完美概念，我们脑海中的椅子的形象是与完美的椅子相似的东西，而现实中具体的椅子的形象则是千差万别的，完美的椅子是抽离了一般形象的头脑中的那个东西。

所以，在这个时代，真相是抽象地存在于完美世界中的东西。

第三，弥尔顿：真相来自"观点的自由市场"。

柏拉图提出的概念影响甚大，中世纪的神学家认为只有上帝或教会才能揭示真相，而宗教改革则强调普通人也有可能得知真相。弥尔顿进一步指出，在个人探究真相的过程中，应当允许不同的真相观念同时存在。这与"真理越辩越明"是同一个道理。

现代新闻事业借鉴了"观点的自由市场"观念。中世纪后期，以人文主义为核心的文艺复兴运动和主张宗教信仰自由的宗教改革运动兴起，教会垄断真理和知识的格局被打破，欧洲社会形成了追求个人价值和独立性的思想氛围。1644年，弥尔顿因出版书籍引起纠纷，被传唤到议会答复质询。他在议会作了长篇答辩演讲，即《论出版自由》。弥尔顿慷慨陈词："让我有自由来认识、抒发己见，并根据良心作自由的讨论，这才是一切自由中最重要的自由。"①他强调表达自由为真理提供了"在争辩中自动浮现的言论环境"。

第四，启蒙运动：可以检验、复制并普遍适用的东西。

启蒙运动继承柏拉图等人的观点，认为真相既然来源于完美世界，那么现实中应当存在与其对应的事实和材料。所以，真相是可以被检验、复制并普遍适用的。

启蒙运动的"启蒙"立足于柏拉图的"洞穴之喻"，因为洞穴外的人说服洞穴内的人相信自己所说，有一个引导、引领的过程，所以叫作启蒙。启蒙运动中的主要观点是让神、真理回到人间。在此之后，西方或者现代科学体系才真正建立起来。因为科学的工作就是不断用现实的材料去印证和对应理论。这也被称为真相的"对应理论"。根据对应理论，真相应当与某些外在的事实或观察资料相符。

---

① 弥尔顿.论出版自由[M].吴之椿，译.北京：商务印书馆，2009：45.

启蒙运动的真相观对新闻事业的客观性理想是一种巩固。追溯其根源,无法绕开新闻的客观性。我们知道,客观性是新闻的最重要的特征之一。根据启蒙运动开展以来的真相观,可以检验、复制并普遍适用的材料等能够反映事物的真相。所以,我们应当如实客观地反映所见所想,即反映真相。因此,对于新闻工作者而言,客观性使他们将事实与意见区分开来。

另外,在客观性的背景及语境下,新闻报道中的事实、人物等都是平等的,并且个人意见、感觉和观点都不应该存在于客观的新闻报道中。

这里,我们为新闻客观性找到了科学的依据和理论的来源。20 世纪初期,新闻报道的客观性原则成为一种职业标准。从新闻史的角度来看,客观性成为一种职业标准,除启蒙运动的理论准备之外,还与当时的社会现实和政治发展有关。

首先,弥尔顿所推崇的自由主义使得报刊开始为政党服务,政党报刊成为党派竞争的工具。此时社会经济快速发展,由于广告商的支持,政党报刊走向市场,因此需要开展客观报道。

其次,20 世纪初的大众报纸黄色新闻泛滥,所以客观性报道有了市场,因为客观性是净化新闻的一种好方法。

最后,当时的民主与民主政府理念深入人心。所谓民主政府,所强调的就是政府能够代表大多数人,大家共同寻找"真理",并在寻找中实现自我管理。在这种形式的政府管理下,信息显然是必不可少的,所需要的信息是公众的意见,政府需要依据信息来做出决策,以保持政府合理运行。

所以,最终新闻客观性成为大家的一种普遍共识。可以说,在这一时期,新闻客观性犹如物理学中的牛顿定律一样解释了新闻业的大多数现象。

第五,实用主义的真相观:通过个人的理解过滤问题。

20 世纪的实用主义,给予了真相另一种解释。实用主义学者借鉴爱因斯坦的相对论,认为真相和物质一样,都是相对的。

首先,他们认为,对真相的领悟取决于真相受到怎样的调查以及调查由谁实施。也就是说,实用主义学者意识到再客观的报道都是由人来操作的。

其次,他们认为,用所谓科学的方法来进行调查,显然不是唯一的获取真相的方法。这在现实生活中比比皆是。

实用主义学者的真相观念为挑战客观性提供了哲学基础。从实用主义角度出发,真理在某种程度上来说是主观的。真相的来源与消息来源、信息接收者所处的语境紧密相关。

但与之前所不同的是,在实用主义盛行时期,客观性报道仍然被新闻媒体坚持。在新闻传播、新闻报道中,新闻客观性一直被沿用至今。但是,新闻是相对客观的这一认识也因为实用主义哲学的影响而深入人心。

第六,后现代的新闻客观性。

实用主义的发展使得人们认识到新闻客观性的相对状态。但是,随着后现代哲学的兴起,行为主义逐渐受到广泛关注,新闻客观性遭到了进一步挑战。

后现代主义学者强调语境本身,因为真相不可知,所以对真相的定义是没有意义的,那么,描述真相的现实语境就显得非常重要,几乎意味着一切。也就是说,他们认为意义不可能脱离对语境的理解而存在。

所以后现代主义学者更强调对语境的描述,用特殊的语境表达意义。在艺术上表现为行为主义、后现代主义美术等,比如达利的《记忆的永恒》等后现代主义油画作品,《大话西游》等后现代主义电影。

而对于新闻来说,后现代主义对其影响颇多。张萍 2009 年在《新闻知识》发表的论文《当代新闻报道的后现代状况》一文中总结了以下几条。

一是元话语权威的消解。比如《南方周末》的《自由谈》、央视的《实话实说》,更多强调开放、平等与对话等。

二是去中心化。比如《东方时空》等,强调"讲述老百姓自己的故事",但去中心化会导致新闻娱乐化,比如炒作明星绯闻等。

三是深度的消解。比如当代新闻报道呈现明显的重感性、轻理性的倾向。

四是拼贴复制。比如网络上的各种恶搞视频等。

五是边界的消解。具体表现为以下方面。

①新闻和生活的界限消失。如都市新闻、民生新闻大量出现。

②新闻与娱乐的界限消失。如新闻娱乐化越来越严重。

③新闻与艺术等不同学科间的界限消失。如用写小说的手法写新闻。又如进行社会学研究时也做抽样调查。当下时兴的数据新闻也是一种典型。

④硬新闻与软新闻的边界模糊。当前呈现出硬新闻软化、软新闻硬化的现象。

⑤公共话语和私人话语界限的模糊。在某些新闻报道中呈现窥私欲,比如对落马官员私生活进行报道等。

另外,"信息爆炸""信息过载"现象时有出现,各种信息接踵而来,何为真实已经成为一种认知上的问题。数字媒体时代"去中心化"的网络技术,打破了以往大众传播时代新闻媒体关于新闻真实相对稳定的话语垄断。技术的发展带来了信息收发的便利,事件的参与者或目击者能借助社交媒体平台进行实时的报道。由于"公民新闻"的时效性更强,视角更多元,且兼具高度接近性,以前记者作为"专家"在获取知识方面的结构优势变得不再明显,"何为真实"也不再由新闻媒体单方面决定①。所以,新闻客观性受到理论和技术层面的客观因素的制约,"讲述真相"成为一件复杂的事情。

第二节　新闻客观性面临的现实冲击

一、新闻客观性面临的现实冲击之一:究竟是谁在发言(制度压力)

虽然在理论上新闻客观性已成为新闻重要的特性、重要的报道原则,以及重要的职业标准和规则,但是在现实层面,新闻客观性却并非如理论所言的一样客观。

首先,需要考量的就是新闻机构和组织的性质问题,也就是替谁说话的问题。

就西方而言,19 世纪中后期至 20 世纪初,西方媒体报道经历了政党报刊时期。报刊为党派所把持,这些报刊所谓的客观都是为政党服务,为政治

① 白红义,王嘉怡.数字时代新闻真实的消解与观念重构[J].新闻与写作,2022(7):14-25.

利益和政治诉求服务。

20 世纪以来,实用主义在美国盛行,廉价报纸亦开始盛行,报纸大多为广告商提供服务,所以在美国黄色新闻泛滥,后又有“掏粪运动”等。

因此,新闻客观性正如实用主义学者所言,是相对的。即便到今天,以美国为例,虽然其一直强调新闻媒体企业对所有人一视同仁,但这种努力还未能改变整体现状。比如广播电视业的从业人群,男性较多,女性较少;白人较多,黑人较少,少数族裔更少。管理岗位仍然如此,男性较多,女性较少;白人较多,黑人较少,少数族裔最少。美国的新闻教育也是如此。在偏理论的大众传播院系中,学生中才表现出女性较多、男性较少的局面。整个美国新闻界都在试图改变这种局面,比如报道公民新闻,即类似于国内的民生新闻,力求新闻业从里到外兼顾客观公正。

就我国而言,首先,要坚持党媒姓党、党管媒体的原则。主流媒体起着加强党和国家与人民之间信息沟通的作用。

其次,为了体现对不同人群的关注,都市报、晚报等在中国新闻改革后如雨后春笋般出现。改革开放后,新闻改革大致经历了三次跨越。这三次跨越在李良荣的《新闻学概论》中有具体阐述,分别如下。

1979—1982 年,高扬新闻规律旗帜,恢复“新闻纸”本来面目,否定报纸是“阶级斗争工具”的理论。

1983—1990 年,信息概念被引进,引发新闻媒介的巨大变化。深度报道、纯客观报道开始出现。

从 1992 年开始,新闻媒体事业单位性质被重新认定,摒弃了新闻事业属于上层建筑的说法,确立了事业性质、企业管理的双重属性。大量媒体走向市场,日报、晚报、专业报三足鼎立。在电视台方面,无线、有线、教育台三足鼎立。

然而现在,随着社交媒体的快速发展,新闻媒体又有了新的含义。人肉搜索、娱乐新闻等充斥媒体和网络,新闻客观性一方面得到确认,另一方面也受到挑战。

二、新闻客观性面临的现实冲击之二:眼见并非为实(个人心理因素)

除政治组织等客观因素对新闻客观性的制约之外,个人的心理也是影响因素之一。

首先是刻板印象的影响。发生在 2015 年 5 月 3 日的“成都女司机被打”就是一个典型事件。最初新闻报道强调:“成都市娇子立交一个十字路口处,一男性司机开车逼停一女性司机,并在下车后将女司机从驾驶室暴力拉下车,开始了长达几十秒的拳打脚踢。”“女司机”一贯是热门话题,最初报道强调这一点,容易引起关注。人们对女司机也大都抱有同情。

然而 48 小时后,行车记录仪视频曝光,舆论开始谴责女司机开车不守规矩,于是刻板印象发挥作用,人们将女司机和“马路杀手”联系起来,引起网民一片谩骂。显然是媒体的一再强调,使得“女司机”这一群体呈现“污名化”。

另外,诸如“女博士”“城管”等都因媒体报道而被标签化,在人们心中形成刻板印象。这也正印证了李普曼曾经进行的预测:“在极大程度上,我们并不是先看到再定义,而是先定义再看到”,这也就是后来被证实的“刻板印象”理论。

其次是技术手段的影响。例如,电视剪辑技术可能左右信息传播的效果。1960 年,肯尼迪和尼克松进行电视辩论。听广播的听众都认为尼克松获胜,而看电视的观众则认为肯尼迪获胜,因为现场感和剪辑,使得肯尼迪展现了干练、年轻、有活力的一面。现在的图片修改技术可以实现对原本信息的变更,也可能带来篡改事实以及捏造“事实”的风险。

三、新闻客观性面临的现实冲击之三:定义和构建新闻(内容压力)

在实用主义思想影响下,对“什么是新闻”的认识正在现实中发生改变。社会学家赫伯特·甘斯通过调查发现,在西方国家,讲述主流价值的东西被诉诸报端,比如族裔中心主义、利他主义、个人主义,强调对社会秩序的需要和维护,以及对领导地位的巩固。这种文化价值观在美国主流媒体中体现得最明显,而那些批判性报道则很少。

另外，对于“什么是新闻”的理解中，欧美的新闻业还存在一种倾向，即寻找报道“大事件”，所谓的“找头条”等成为常态。这导致了浅薄和粗陋，一些缺乏研究的新闻报道往往得到播出或刊发。对速度的追求在网络出现后变得更加明显。显然，网络的即时性等特点使得新闻的刊发速度越来越快，现在很多事情都通过新媒体发布。

反观我国新闻媒体，也存在一些同样的问题。某明星离婚案充斥媒体长达半年之久，甚至直到今天，在发生类似的事件时，还会被“翻旧账”，满足“吃瓜群众”的窥私心理。

四、新闻客观性面临的现实冲击之四：实现目的的手段

新闻客观性存在其哲学理论基础，同时面临现实冲突。我们可以看到，从某种程度上说，眼见到的未必为实，新闻完全客观是不可能的，但是寻求真相的新闻工作者必须以客观性为其基本职业准则。

为了追求真相，必须进行客观报道。为了达到这一目的，如果新闻工作者采取的方式有悖于伦理道德，则是不被允许的。其中存在的最大的道德、伦理问题，便是为了寻求真相而撒谎。现实中的矛盾体现为在报道过程中为了获取一手资料，“不表明身份，还是表明身份”——撒谎与客观性又形成了一种悖论。

为了真相而“撒谎”的表现有以下两个方面。

第一，通过欺骗获得新闻。比如大家都熟悉的隐性采访方式就是典型。

第二，对受访者进行隐瞒。比如一个记者为了曝光黑作坊，谎称自己是买家，进入工厂进行暗访。通过这种方式，新闻工作者为了维护公共利益而采取了欺骗手段。为了最好的社会效应，新闻工作者通过撒谎获取了新闻信息，便需要承担相应的风险。如果采信了不真实的小道内容，则全然背离了对客观性的坚守；而某种意义上，为了了解真相，必须保护消息来源，维护新闻的真实性、客观性。这就成为两难的伦理困境问题。

综合以上，我们可以说，新闻的客观性是相对的；完全意义上的客观是不存在的。但是，我们仍然必须坚守新闻客观性这一重要原则。因为新闻必须以真相为基础。纵然完全客观无法达成，但也要无限地接近真相，不断

地靠近真相。追求真相,无限接近真相,这也就类似于元宇宙中无限接近现实世界的虚拟世界。

五、合乎伦理的新闻价值观

对新闻特性及新闻价值的理解,往往基于新闻学、社会学视角。新闻学中常提到的新闻价值五要素,即时新性、重要性、接近性、显著性、趣味性,以及真实性、鲜明性、及时性、公开性都是新闻的特性。

我们从新闻学、社会学角度来分析新闻价值五要素的具体内涵。

第一是时新性。一般来说,事件发生和报道之间的时间差越短,新闻价值越大;内容越新鲜,新闻价值越大。例如,每天的《新闻联播》发布的各类新闻往往都与国计民生休戚相关。但现在随着数据新闻的兴起,以及其他辅助手段,老材料也有可能成为新闻。将已有新闻材料的意义进行深度挖掘,往往会有新的发现。比如,重庆"爱情天梯"虽然是当地媒体最先报道的,但随后经其他媒体报道才发挥了它的新闻价值。

第二是重要性。一则新闻对国计民生的影响越大,就越重要。大部分硬新闻都是最近发生的大事、要事。

第三是接近性。它包括地理上的接近、利害上的接近、思想上的接近、感情上的接近。

第四是显著性。新闻报道对象的知名度越高,新闻价值就越大。

第五是趣味性。具有趣味性的事实,往往有新闻价值。比如发现百年大人参、肉灵芝等,都可以视为趣味性的事件。

一般来说,按照现在的新闻学理论,新闻价值是指刊播事实后引起的正面效应。效应大的,是新闻价值大的事实;效应小的,是新闻价值小的事实;没有效应的,是没有新闻价值的事实。有的事实刊播出来后在社会上产生了不良影响,那么它的新闻价值便是负面的。

在某种意义上,从新闻学和社会学视角所做出的对新闻价值要素的分析带有一定的风险性,特别是不能防范新闻事实刊播后的负面效应。因此,我们需要建构一套新的新闻价值标准来应对这一问题。

从这个角度来说,新闻伦理学就是为了解决这一问题而生的。我们需要将新闻的定义从新闻学拓展到伦理学。

伦理学视角的新闻价值观,有着不一样的内容和标准。它反映了一个献身于真相的职业所固有的哲学张力。现在的新闻伦理学教材,大多认为有一些要素是以伦理推理为基础的。它们是伦理学视角下的新闻价值标准,具体如下。

第一个是准确,即使用恰当的事实和正确的词汇,并交代事情的来龙去脉。这里包含以下两层含义。一是不受外界压力胁迫,比如政府的压力等。也就是说,要克服前面提到的新闻客观性所面临的现实冲击之一——制度压力。它要求新闻工作者在进行报道时尽可能独立。二是要克服自己的偏见。正如我们前面提到的,没有完全客观的报道。只要是人,就会带有偏见。只有认识到这一点,我们才能做到在现实报道中尽可能地克服这些偏见。

第二个是坚韧,即当一则报道足够重要,重要到足以要求个人和组织付出额外努力时,必须坚持下去。比如汤计报道"呼格案",如果他不坚韧,这个报道就不能延续,真相就无从谈起。

第三个是尊严,也就是要给予报道对象尽可能多的尊重。尊严包括自尊和他尊两种。自尊是对新闻工作者而言的。现在社会上恶劣的现象时有发生,比如有刚入职的律师为了拿到案子贿赂当事人,或者银行员工贿赂存款人等。面对以上现象,有些暂时不能用法律解决,而道德又缺乏约束力,所以伦理学规范就显得尤为重要。在新闻界,也许会有记者贿赂采访对象,或者记者接受采访对象的贿赂的现象。这是典型的既不尊重采访对象,也不尊重自己职业的体现。只有保持自尊和尊重他人,新闻才能更多体现出正能量。

第四个是互惠。不要简单地认为记者所了解到的信息就是他认为对公众来说有好处的信息。也就是说,不要以裁决者的观感去采集新闻。要做到互惠,即记者需要考虑自己的需要和公众的需要的共同之处。所谓"己所不欲,勿施于人",只有互惠,才能使新闻的正面价值越来越大。

第五个是足量。足量意味着彻底，比如要核实新闻中的每一条信息。

第六个是公平。要为所有牵扯进有争议问题中的人寻求正义，并平等地对待所有的报道对象。公平体现了现代社会观点多元的基本特征，要求所有的观点都应当受到考虑，但并不要求所有的观点都体现在报道中。

第七个是社会，即重视社会凝聚力，这是人民性的体现。也就是说，我们要从人民利益的角度评价新闻报道。

第八个是多样性。比如不能只报道大事、奇事、要事，也要关注平凡的事。

第三节　去伪存真的消息来源

一、消息来源的分类

什么是消息来源？消息来源，在中英文中有不同的称谓。英文中最常用的是 source of information 等。中文中的称谓亦有很多，比如新闻来源、新闻源、信息源、消息源等。

根据不同的标准，消息来源有不同的分类。

美国哥伦比亚大学新闻学院梅尔文·门彻教授将消息来源分为人的消息来源、物的消息来源和在线（网络）消息来源三大类。

人的消息来源包括当局和新闻事件的参与者。这里就存在撒谎等个人因素，所以可信度较低。因此记者采访很重要，要采访多个参与者以及不同群体，听取多方意见。

物的消息来源包括记录文件、参考资料、剪报等。物的消息来源一般可信度较高。

在线消息来源包括网上的各类数据库和资料等。这些信息来源复杂，要仔细甄别。

英国学者卡伦·桑德斯则将消息来源分为五类：①秘密消息来源；②支票簿新闻（为采访而向消息提供者付费的做法）；③文献资料与互联网；④简报和档案；⑤访谈和引用。

二、消息来源的现实困境

我们知道，消息来源对记者来说至关重要，而记者对消息来源的依赖则产生了一些复杂的问题。

一方面，是否公开消息来源存在争议。如果新闻媒体不泄露消息来源，公众会对内容真实性产生怀疑；而如果公布消息来源，则会导致消息提供者减少。所以，为了解决这个困境，新闻媒体会采取多种策略以对受众负责，并尽可能保护消息提供者。

另一方面，匿名消息来源具有复杂性。“匿名消息来源一直被称作民主的安全阀和良心的避难所，但也是懒惰粗心记者的拐杖。”也就是说，匿名消息来源使得社会公平、正义得到伸张，揭露了黑幕和肮脏，但从另一个角度来看，匿名消息也可能成为谣言新闻的来源。

美国有学者形象地总结了消息来源的类别和在媒体报道中的表现形式，将匿名消息来源分为高层消息来源、权威消息来源、可靠消息来源和灵通消息来源四类。高层消息、权威消息都是要靠可靠人士提供。

如果报道中出现“据说”和“据悉”，则很有可能是谣言或猜想而来的消息。比如，在美国的辛普森杀妻案的报道中，“据说”的论证都是不准确的。

为了获取消息，记者要在有所坚持的同时得到支持和合作。所以强大的人际关系网对记者来说非常重要。人际关系网往往存在着各种利益关系，这是需要谨慎对待的。

三、对消息来源的处理措施

为了避免消息来源不合规，美国有法律条文指出“记者必须警惕所有利用媒体达到个人目的的人”。

另外，某些职业公约也做出了规定，避免消息来源失真。比如，一般认为，所有消息在印刷出版之前必须经过两三个消息来源的证实。而对于少量新闻内容，允许记者对消息来源保密。

《纽约时报》于21世纪初出台了有关机密信息源的政策，推出了一系列详细的规定，明确提出可使用匿名信息来源的情境，具体如下。

①使用匿名消息来源必须是为报道事关公共利益的重大新闻事件,且是在没有其他消息来源时不得不采用的最后办法。

②原则上不允许对具有猜测性质的消息来源进行匿名化处理。

③不允许假借匿名之便,进行人身攻击。

④在使用匿名消息来源时,必须尽量给出关于消息来源的背景信息,不允许使用"有消息称"或者"匿名的受访者称"这样笼统的说法,而必须加以限定和说明,同时,记者必须尽可能向读者说明受访者要求匿名的动机。

⑤当某篇报道使用匿名消息来源后,记者有必要采用分散消息来源的方式为读者提供多角度信息,同时要求消息提供者之间彼此独立。

⑥要使知情编辑必须和记者一样对匿名消息提供者的真实身份完全保密。

《纽约时报》还根据不同的报道作出规定,将报道内容的敏感程度划分为三个等级。

①在一般报道中,匿名消息提供者的真实身份必须以保密方式呈现。

②在较敏感的报道中,记者可以要求只向主编或总编辑透露消息提供者身份。这一要求不应视为对编辑或者其他同事的不信任。

③在事关重大案件或者国家安全等极为敏感的事件中,如果匿名消息提供者的真实身份曝光会对其造成严重危害,总编辑只能要求知道关于消息提供者的部分信息或者描述,而不能要求完全知道其身份。

很多国家直接在宪法中规定新闻记者拥有"为消息来源和未公开的信息保密的权利"。例如,日本把"保护采集新闻的自由"纳入宪法中保障言论自由的条文中,加拿大法院规定保护秘密消息来源是言论自由的基本组成部分。

在移动互联网时代,媒介系统由单一型向混合型发展。专业媒体、自媒体、政务媒体等多种行动者纷纷涌现,微博、微信、抖音、今日头条等不同平台都在介入新闻信息的发布。在这个混合型媒介系统中,虚假新闻的制作和传播过程往往涉及多个行动者、多个平台,这不仅使虚假新闻更易发生,传播速度更快,而且其源头更难以追溯,也更难有效治理。

新闻真实是新闻业产生以来的永恒话题，关于这一专题有几个问题可以开展进一步研究：一是新闻真实中的理论问题，比如研究一定时期的真实性、客观性表现；二是新闻真实在现实中的实际问题，比如研究后现代写作，以及新闻欺诈、勒索等；三是关于对消息来源保护的法律问题等，比如研究中国社交媒体作为外媒消息来源的现状等。

第四节　维护新闻真实性，杜绝虚假新闻

真实与虚假，构成了看待事物的互斥的两个方面，对于人们形成判断有着至关重要的作用。不论何种原因，虚假新闻的存在都缺乏合法性。虚假新闻、错误消息来源等严重违背了新闻的基本原则，使得新闻最重要的价值受到损害，对于正常的社会秩序也会造成干扰。只有真实的新闻才具有存在的价值和意义。

随着传播技术的升级，虚假新闻的表现形式呈现多样化。学者们在研究虚假新闻乱象时，总结概括出其多种表现形式。其中，郑保卫在《新闻理论新编》中的总结较为全面，他将虚假新闻概括为以下方面：①政治需要，公开造假；②于己不利，隐匿真情；③宣传典型，任意拔高；④屈从压力，写昧心稿；⑤唯利是图，编造新闻；⑥粗枝大叶，调查不实；⑦道听途说，捕风捉影；⑧知识贫乏，不懂装懂；⑨"合理想象"，添枝加叶；⑩偷梁换柱，移花接木[①]。捏造出的虚假新闻极大损害了社会公众对媒体的信任度和认可度。伴随着微博、微信等社交媒体的蓬勃发展，网络上道听途说、捕风捉影的信息也会被当成新闻转发，充斥在专业媒体的报道中，对整个传播环境产生不良影响。

近年来的虚假新闻往往与真实的新闻极为相似，时间、地点、人物等新闻要素都极为齐全明晰。相对于真正的新闻而言，虚假新闻的冲突性、故事性更强，细致的描述让人难辨真假。借助社会热点话题，虚假新闻往往引起轰动效应，在社交媒体上广为流传，对官方辟谣形成挑战。

2018 年，据报道，一段快递小哥雨中痛哭的视频引发了不少关注。据

① 郑保卫．新闻理论新编［M］．2 版．北京：中国人民大学出版社，2015：114－116．

网友爆料,上海一快递员冒雨送快递,一车快递被偷得没剩几件,在雨中痛哭20多分钟。然而事实上快递小哥系某快递公司员工,当日其在送快递时因与女友吵架而站在雨中哭泣,快递并没有被偷。

比尔·科瓦奇曾说,尽管大多数新闻工作者表示继续忠于真实,但是各种力量却削弱了新闻工作者对真实的追求。在大量生产新闻的新兴媒体文化中,新闻呈现碎片化,消息来源反过来控制了新闻工作者;新闻工作标准的改变使媒体把关人的作用减弱。

虚假新闻产生的原因可以大致分为两种:一种是部分新闻工作者未进行核实而采写的非故意虚假新闻;另一种是某些没有职业道德的新闻工作者故意编写虚假新闻来推动舆论走向、赚取流量,以致扰乱人心。

在目前流量即金钱的形式下,一些无良的新闻工作者开始编造虚假新闻,在标题上引用一些吸引人眼球的文字来博取点击率,内容也是未经查实乱写一通。新闻真实性是对新闻的最基本要求,可是这一要求现在在新闻实践中却未能被很好地贯彻和执行。在本条假新闻中,“雨中哭泣”和“快递小哥”都是比较吸引点击率的词语。快递小哥一直都是社会关注的热点,关于快递小哥的新闻点击率都比较高,并且加上“雨中哭泣”这个行为,更令人浮想连翩,有一定的推动舆论的作用,会让人情不自禁地联想到快递小哥的悲惨遭遇,进而为快递小哥打抱不平,形成一股舆论风波。实际上,快递小哥只是因为与女友吵架而在雨中哭泣,快递并没有被偷。

网友的主观臆测也为此案例提供了传播的机会,许多人看到一张图片就推断所谓的事实,将自己的臆测发至网上,引起附和进而达到传播的目的。殊不知,这与事实完全违背,从而造成了虚假新闻的产生。这也提醒我们要有基本的辨识能力,不要盲目相信别人的主观臆测,要有自己的判断,更不要盲目跟风转发。

当新闻业进入互联网时代以后,虚假新闻也开始带有强烈的网络时代特征。它的发生原因、传播轨迹,乃至揭发、证伪机制都具有鲜明的互联网特色。近年来,伴随着互联网的普及,以及微信、微博和各种网络平台用户的增加,信息传播呈现渠道多元化和传播主体多元化的特征,信息传播速度和数量有了飞跃性发展，但同时也产生了一些负面影响，给虚假新闻的滋生提供了一定的条件，从而严重影响了新闻媒体的影响力和公信力。

同时，自媒体的发展也为虚假新闻的产生提供了条件。在自媒体时代，新闻传播伦理的构建对于为自媒体平台营造良好的舆论环境有着至关重要的作用，也是促进自媒体平台健康持续发展的有力手段和渠道。自媒体用户必须认清新闻传播的伦理价值，提升自身公信力。

在这样一个信息传播速度加快的环境下，原本的一个小事经一传十、十传百必定会失去原本的真实性。本案例中的最初的线索来自网友在社交平台上传的视频和文字，上传者在不知快递员因何哭泣的情况下发布了自己的推测。此后，其他用户的转载加速了新闻的发酵，逐渐将原因归结为"快递被偷"。而后，媒体又将公安局接到报警与快递被偷强行联系起来，最终呈现了这则虚假新闻。对于这则虚假新闻的产生，新媒体的快速传播以及自媒体用户的核查不彻底是主要原因。

虚假新闻的盛行对于舆论引导和社会治理带来极大挑战，易误导公众形成不良的价值观，甚至对公序良俗造成破坏。其传播越是迅速，带来的危害就越大。

虚假新闻最直观的危害就是误导受众，动摇新闻真实性原则，进而会对相关媒体的公信力造成负面影响，扰乱正常社会秩序。随着人们对信息的需求日趋多元化，各种观点在平等的网络空间得以表达和碰撞，因此对于网络空间的正面形塑尤为重要。很多虚假新闻的炮制者抓住了这一特点，利用受众对社会热点和重大事件的关注捏造虚假新闻，来吸引受众去阅读和传播，不仅造成了恶劣的社会影响，还使得辟谣难度加大。

一些不法分子利用受众的从众心理对商品进行虚假宣传，部分受众不明真伪，可能使不法分子有可乘之机。不法分子雇佣"水军"为"舆论"造势，从而浑水摸鱼。

当网络成为人人可以发表观点的平台时，别有用心者也会借助这个平台发布虚假信息或者偏激言论。这就要求主流媒体发挥舆论引导作用，引导受众作出正确的价值判断，绝不能任由不法分子利用虚假新闻扰乱正常的信息传播秩序。

总而言之,要杜绝虚假新闻,必须建立长期有效的机制,内靠新闻媒体自身管理,外靠法律法规约束和社会监督。尤其是对于新闻工作者而言,更要维护新闻真实。当然,只明确新闻真实的重要性显然不够,需要结合已出现的较有代表性的虚假新闻案例,分析它们的特征和产生原因,从而对症下药,从根本上遏制虚假新闻的出现。

第四章

专题二:数据开放与隐私侵害

第一节 隐私权问题概述

一、隐私权及个人隐私

隐私权是人格权里的一项基础权利,具体是指公民享有的保证私生活安宁和个人信息依法受到法律保护,并且个人信息不能随意被他人知悉、使用和公开的一项权利。

在西方社会,隐私权已被认为是不容侵犯的重要权利。凡未经当事人同意或不具有法律上的理由,公开他人隐私,使当事人受到名誉上的损害、物质上的损失,均可以诉诸法律。因此,隐私权首先是受法律保护的。而在我国,隐私权是公民个人有依照法律规定保护自己隐私不受侵害的权利,具体包括两层含义:一是公民对于自己与社会公共生活无关的私人事项,有权要求他人不打听、不搜集、不传播,也有权要求新闻媒介不报道、不评论、不非法获得;二是公民对于自己与社会公共生活无关的私生活,有权要求他人不得任意干涉,包括自己身体不受搜查,自己住宅和其他私生活区域不受侵入和窥探。

在我国,一般来说,个人隐私指公民个人生活中不愿为他人(一定范围以外的人)公开或知悉的秘密,且这一秘密与其他人及社会利益无关,主要包括以下方面。

①个人信息:身高、体重、住址、电话、收入、肖像、生理缺陷、残疾状况;

②私人领域:卧室、病房、电话亭、休息室、身体的敏感部位等;

③个人私事:恋爱、婚姻、生育、避孕、收养子女等;

④私人活动:家庭生活、夫妻性生活、私人日记、信函。

(一)隐私的法律界定

隐私权最早在路易斯·D. 布兰迪斯(Louis D. Brandeis)等人所著的《隐私权》(*The Right to Privacy*)一书中被定义为个人在通常情况下决定他的思想、观点和情感在多大程度上使别人知悉的权利,每一个人都有决定自己的所有事情不被公之于众、不受他人干涉的权利。英国《牛津法律大辞典》(*The Oxford Companion to Law*)认为,隐私权是不受他人干扰的权利,即关于人的私生活不受侵犯或不得将人的私生活非法公开的权利要求。

从分类学的角度,国外有学者将个人隐私分为四类:①信息隐私,包括个人证件、银行卡等;②通信隐私,即与他人交流使用的各种方式,如QQ、微信、邮箱等;③空间隐私,即个人出入的特定空间和区域;④身体隐私,即保护身体的完整性,防止入侵事件的发生,如药物测试、性侵等。

伴随着社会的发展,人的生活状态也日渐紧张和复杂,公民逐渐在公共场合变得更加敏感,且有界限感,在此基础上拥有一个自己的相对独立和私密的空间显得越来越重要。公民越来越需要保障个人不受打扰的权利,即隐私权。国外对侵犯隐私权的认定主要有以下四个方面:①侵扰某人的居所或独处生活以及私人事务;②公开暴露令人尴尬的个人情况;③把某人放在人造光之下;④为了个人的利益而侵犯某人的姓名或者肖像权。

《中华人民共和国民法典》第一千零三十二条第二款:"隐私是自然人的私人生活安宁和不愿为他人知晓的私密空间、私密活动、私密信息。"这其中蕴含着认定隐私的主观标准,强调个人将自己的个人空间或私密信息隐藏起来,远离公众目光的内心意愿,这也是国内多数学者界定隐私的主要标准。尽管个人保护隐私的内心意志是构成隐私的通常要素,但它并不是所有情形下的必备要素,更不是唯一要素[①]。当涉及不具备将隐私隐藏起来的意识或行动的主体时,例如,年龄幼小或心智不全者,其私人领域或私人信息也同样是隐私。因此在隐私的法律定义下隐藏着个人意志与法律意志。

(二)隐私的伦理界定

法律解决的是惩罚问题,是底线;伦理则解决的是更高层的问题,是道德上的、更高的追求问题。显然,尽管隐私权在法律上获得了保障,但法律条文的制定和实施有滞后性,且涵盖有限。对于新闻业来说,只有法律层面

① 杨芳.隐私权保护与个人信息保护法:对个人信息保护立法潮流的反思[M].北京:法律出版社,2016:10.

上的对隐私的界定是不充分的。因此,在新闻采集和传播中建立高于法律要求的隐私伦理十分重要。

在定义隐私的伦理概念时,重要的基础是,我们是活在社会中的,每个人都要承担保密的责任,这种责任要求个人学会在某些时刻拒绝提供信息。隐私权是一种保护自己不受他人或机构侵犯的权利,要将隐私保护与社会公德、社会通行观念相结合。除我国宪法、刑法规定的明显的、常见的侵犯隐私行为外,还有一些不明显、未被包含于法律范围内的侵犯隐私行为,因此隐私的定义除了法律层面,还应包含伦理层面。我国已有学者关注到隐私保护的伦理困境。我国法律对艾滋病患者的隐私权予以保护,但在患者隐瞒病情、其配偶的生命健康权遭到威胁的情况下,医务人员在患者的隐私权和配偶的生命健康权之间应如何进行伦理抉择,以及艾滋病患者不履行告知义务应承担什么样的法律责任,我国现行的法律法规对此并未给出明确的规定①。这也是在现实生活中常见的隐私保护中的伦理难题、伦理困境,因此隐私的伦理定义是不可或缺的一部分。

二、隐私需要

关于"隐私权"的论述较多,但是学界和业界关于"隐私需要"的论述却相对较少。其中,哲学家路易斯·霍奇斯曾试图关注"隐私需要",并声称"缺乏某种程度的隐私,就不可能有文明的生活"。霍奇斯认为个人和社会都需要隐私。对隐私的需要主要体现在以下几个方面。

第一,个人的需要:个人需要隐私以发展一种自我感觉。

人们需要隐私以"测试"新的姿态、未来的自我等,而不必担心外人的嘲笑。一般来说,我们能观察到这样一种事实:如果我们准备成为我们希望成为的那种人,那么,除观察学习等以外,我们需要某种程度的隐私以培养相关的特性。例如,女孩子在更衣室换衣服等,这是在尝试展现一种新的外貌、新的形态,所以需要保护。再如,2019 年曝光的传销案件,涉案企

---

① 吴彤彤,刘俊荣.艾滋病患者隐私保护中的伦理困境[J].中国医学伦理学,2021,34(10):1311-1315.

业其实是披着培训班“外衣”的传销团伙,他们借助封闭的培训环境,通过痛骂围攻、团队裹挟、分享难以启齿的隐私等方式击垮学员意志。为了实现“蜕变”,学员上台分享自己隐秘的经历,揭露自己的“丑陋”面貌是必不可少的环节。针对学员分享的故事,“导师”煽动、逼迫其他学员对其痛斥侮辱,并将辱骂攻击当作帮助学员认清自我的方式。在学员丧失自尊自信,迫切需要证明自己的“改变”之际,又立即诱骗蛊惑学员通过“拉人头”发展下线,以“证明”自身价值,从而形成了一种由曝光到培养引导的类似邪教的毒害人的方式,以此控制人的自我发展渠道与路径,甚至许多学员拉完人头,仍然没有意识到早已被传销组织控制欺骗。

第二,公众的需要:公众需要隐私来制衡国家权力。

不仅传销团伙曾试图通过获得个人隐私来控制个人,其实,政府权力机关同样存在这样的问题。社会公众一旦在某些问题上达成一种共识,就会形成对政府公权力的制衡。这方面,公共舆论是一种典型表现形式。

三、隐私范畴的现实表征之一:隐私和秘密的区别

在现实中,我们要注意隐私和秘密的区别,这是在现实中比较容易混淆的一对概念。通常来说,我们很容易将私人信息看作某种想保密的东西。这是一般人通常的心态。例如,有人问你年龄,你不想说,可以回答:“你猜?”或者干脆说“保密”等。但是实际上,秘密和隐私是各自独立的两个概念,现实中既有联系,又有所不同。

(一)秘密与隐私的区别

博克在1983年提出秘密是指故意隐藏信息,以防他人获知、拥有、使用或者揭露。隐私和秘密在某些程度上来说是有重合的,但这并不表明两者拥有共同的意义和标准。

第一,秘密确保信息不出现在任何公众的视野中。隐私并不意味着信息永远不会出现在公众视野中,而是指个人可以对公开哪些信息以及向谁公开进行控制。然而对于娱乐明星来说,隐私是否公开并不取决于自己。自媒体用户往往无法清楚地界定自己职责的范围,误认为尽可能多地满足粉丝的知情欲望、挖掘明星日常生活中的一切“新闻”是自己的

"义务"。自媒体用户作为娱乐新闻活动中的主体,除有向粉丝报道新闻的义务外,同时也担负着保护新闻当事人、维护正常合理新闻秩序的责任①。

第二,秘密是有着负面含义的。博克认为,秘密本身在道德上无所谓好坏,但在外人看来,或许更多带有负面含义。一般来说,秘密比隐私保密程度更高。隐私有时无须隐藏,而秘密涉及的需要隐藏的东西比隐私多。一个私人花园可以是隐私,个人的私生活也是隐私,但是私人花园和私生活都不必是秘密花园、秘密生活。

第三,隐私是一个相对的概念。在全民直播的时代,隐私的边界越来越模糊。为实现盈利的商业目的,许多直播平台与主播迎合大众偷窥猎奇的心理,无底线地直播、转播涉及他人隐私的内容②。例如,美国全国广播公司《今日秀》节目主持人凯蒂·库里克在2000年初的时候,在她的节目中播出了自己做结肠镜检查的视频画面,显然,对凯蒂·库里克来说,这属于隐私,但是为了做出示范,号召大家正确对待医疗检查,重视个人健康,她放弃了一部分个人隐私。所以隐私是可以与其他因素相互平衡的。但秘密显然不是,秘密是个人内心要保守的某种东西,一般情况下,很少可以与其他因素相平衡。

(二)"亲密圆"

1.定义

对隐私和秘密的研究,最引人注目的理论之一是霍普斯提出的"亲密圆"。他将隐私看作一系列同心圆。最中间的圆里属于个人,包括个人最私密的内容,例如秘密、幻想、希望等。

第二个圆属于你和另外一个人,这个人可与你共享某些秘密。这个人可以是配偶、父母、子女等。这个圈层中的人的关系最紧密,彼此分享私人信息。而要使这种关系和谐,最重要的是要互惠互利,这种关系必须建立在信任的基础之上。

---

① 潘璐.明星隐私让渡的伦理原则:从"饭圈"文化说开去[J].青年记者,2021(14):105-106.

② 吴丹.网络直播中的隐私侵权责任研究[D].长沙:湖南大学,2017.

第三个圆属于你和其他与你关系非常密切的人,例如挚友、闺蜜等。这一层关系也需要建立在信任的基础之上。但是,这一层关系的信息传播基本上是单向的。例如向朋友求助,但是对方不一定能帮到你,只是给予安慰,这是与第二个圆中关系的不同之处。

第四个圆属于你和一般熟人,例如同事、同学等。圆圈的外面属于你与整个外部世界,大多数呈现为普通的关系。

2. 作用与评价

首先,“亲密圆”可以看作个人社会化的一种模式,人要完成社会化,就必须不断地由内圆向外圆发展。

其次,一个成熟的社会人,其“亲密圆”应该相对稳定和动态可控。

再次,侵犯隐私,往往表现为个人对自己“亲密圆”的控制和对他人或者其他机构的抗争。例如,非“亲密圆”内的人发了你的私照,显然是外层的人侵犯了你的“亲密圈”的利益,必然是一种冒犯。又如,某平台用户将该平台及运营方诉至法院。起诉理由是:在未授权的情况下,该平台使用了自己的好友名单,并分享了阅读读物和读书感想等信息,此举侵犯了自己的隐私权和个人信息权。该用户称:“一个人读什么书可能直接关联着他在思想上、生活上的多方面隐私,例如一位患有隐疾的用户可能会在微信读书上阅读相关的医疗书籍,而一个打算怀孕的用户会去阅读孕期健康书籍。”

最后,新闻媒体如果侵犯个人隐私,也是一种越界的行为,是对个人“亲密圆”的侵犯。

四、隐私范畴的现实表征之二:悲剧隐痛与侵扰

(一)“侵扰伤害”及其表现

我们知道,大众传媒有守望环境的功能,所以对灾难性事件的报道是其主要责任之一。但是,对灾难性事件的报道有一个突出问题,就是一方面要求记者第一时间采访报道,而另一方面对速度的要求,往往给当事人带来伤害。这种伤害在新闻传播学界有一个专有称谓,叫作“侵扰伤害”。

什么是侵扰伤害?现在较为标准的说法是指记者在意外及不幸事故发

生后,侵扰一些因该意外或事故而悲伤的人(主要指受害者亲友)。

在现实生活中,“侵扰伤害”通常分为两个方面:一方面是信息采集环节的“侵扰伤害”,另一方面是信息呈现环节的“侵扰伤害”。

一般来说,具体的侵扰行为包括以下几种。

(1)使用欺骗或强制手段进行采访。例如,一篇文章涉及的某事件成为网络热点话题。而该文章的作者则是以暗访的方式进行调查,并公布了多张群内聊天截图。在此事件中,文章作者在当事人没有任何违法行为的情况下以个人身份公开了他人不愿意透露的隐私聊天记录,用于负面娱乐化的新闻报道。被暗访者的行为可能并没有违反法律规定,也没有对他人的利益造成实际损害,暗访者随意曝光偷拍内容、录音内容或者聊天记录侵犯了被暗访人的隐私,使得被暗访者遭受道德评判,因而可能对被暗访者的心理健康和名誉造成损害。在暗访的情景下,由于采访在私下进行,暗访者成了唯一的道德标尺,若暗访者缺乏相应的职业素养则可能导致被暗访者遭受公众的言论暴力。在此案例中,暗访者可以随意地在自己运营的公众号中公布群内成员的私下聊天记录,这些内容的发出者并没有意图使这些文字公开。因此,不管是从法律角度,还是从人文关怀角度,暗访者的行为都存在问题。

(2)强行打开被访者的痛苦记忆。媒体对于事件的过度曝光使当事人的私人信息被泄露,或者因为目前公布的信息不够“完善”,为了完成新闻稿,为了满足受众好奇心,一遍又一遍联系被访者,要求其回答问题或者发表感想,这对于被访者又造成了二次伤害。在一些灾难性事件发生后,媒体的过度介入会对受害人的家属造成严重的二次伤害。

(3)报道内容失实。如某大学一位女博士生于教学楼遇害,一些媒体上出现如下标题,如“裸死女博士或遭劫财劫色,案情更加扑朔迷离”“女博士裸死教学楼,密友称其至少曾有3男友”等,报道内容中称现场混乱,发现散落计生用品等,将不确实的信息随意传播。但事后公安部门的侦破结果表明,这是一起入室劫杀案。

(4)报道风格冷漠或轻佻。比如,有微博网友爆料称某人在旅游中不慎被景区猴子扒落石头砸伤致死。对此公安部门通告显示,确实有此事发生。但是在部分媒体的报道中,却以轻佻的语气称“猴子摊上大事了”“全国网友都震惊了”,完全背离媒体报道中对当事人去世所应秉持的严肃与悲痛心情,产生了由于报道风格所造成的侵扰伤害。

(5)图片使用和文字描述过度刺激。例如,在对恶性伤人事件的报道中,一些媒体以杀人案现场画面为噱头进行报道,扩散暴力恐慌氛围,引发大众不适。还有一些媒体转载未加打码的施暴监控视频,不仅传播了暴力内容,并且使受害者隐私遭到侵犯。另有一些媒体直接展现血腥画面,给受众带来心理冲击,对事件当事人造成二次伤害。

(二)理论分析

隐私有一种功能,就是个人需要隐私来发展自我。面对悲痛,需要个人进行自我调整和调节。据研究,悲剧发生后,逝者亲友会经历一个特殊的悲痛期。根据澳大利亚殡仪业主管协会的标准,悲痛期可分为 11 个阶段:①震惊,拒绝相信;②感情释放;③孤独;④出现悲痛的生理症状;⑤憔悴(无法应付现实生活);⑥痛苦减轻;⑦负罪感(对已发生的事情感到自责);⑧愤怒(对死者、医生等);⑨无法正常活动;⑩康复在即(恢复中断的生活);⑪欢迎回来(重新加入社会生活)。

在这样一个相当长的悲痛期中,新闻报道显然会对逝者亲友造成困扰。美国一位资深报人曾说过:“新闻报道具有侵扰性,而悲伤不需要被打扰。”

对于失恋恢复期的分析如下。

在第一阶段,悲痛欲绝。刚刚分手时的具体表现就是:难以接受事实,想起对方就心痛,晚上彻夜难眠,每天以泪洗面,情绪起伏很大。在这个阶段情绪一般反反复复,时好时坏,持续半个月左右。

在第二阶段,逐渐接受事实,但是依然会心痛,睡眠质量好转,偶尔会流眼泪。这个阶段也要持续半个月左右。

在第三阶段,坦然面对事实,偶尔会有点伤感,情绪已经渐渐稳定,开始思考一些问题,反思自己,反思情感,心思会很细腻,会有很多感悟。这个阶段持续四到五个月。

在第四阶段,逐渐走出失恋,笑对人生。一切还是照旧,只是心境已经焕然一新了。

第二节　中外隐私权侵害研究

一、国外隐私权侵害研究

(一)隐私政策源起

隐私政策起源于美国,其产生依据可溯源至美国在 1973 年实施的《公平信息实践准则》(*Fair Information Practice Principles*,*FIPPs*)。此准则在个人信息保护方面确立了两项重要规则:一是透明(transparency)规则,即在收集个人信息时应当告知个人其信息被收集、利用以及共享的范围和方式等;二是个人参与(individual participation)规则,即他人在收集与利用个人信息时,应当征得当事人同意①。这两项规则对美国隐私法以及世界隐私法的发展产生了深刻的影响。在美国法律中,保护隐私与个人信息的两种主要路径如下:一是针对特定领域保护隐私与个人信息的制定法调整模式;二是制定法调整领域之外的企业自律模式。从实践来看,由于单行法的调整范围有限,企业自律模式成为最重要的保护隐私与个人信息的调整方式。这种方式主要以"告知-选择"机制为基础。在"告知"环节,企业会在官方网站公布自己的隐私政策,告知用户企业收集、利用以及共享用户个人信息的各种方式,当然也包括对个人信息的保护措施。在"选择"环节,企业会给予用户一定选择权,用户可以选择其个人数据被收集和利用的程度。

有学者主张,来自政府以外的组织、企业对个人隐私与个人信息的威胁也在与日俱增,有必要加强政府干预。

(二)国外隐私权侵害现实表征

2019 年 7 月 26 日,英国《卫报》刊登了报道,称苹果公司在未明确说明的情况下对用户 Siri 对话进行录音并为承包商提供分析。苹果公司称这是

---

①　王叶刚.网络隐私政策法律调整与个人信息保护:美国实践及其启示[J].环球法律评论,2020,42(2):149-161.

为了提高服务质量,但引来了使用者们的担心。披露者说,苹果手表和家庭智能音箱是这些对话的重要记录者,虽然有的录音只有 30 秒,但是听者能明白在发生什么。在录音中能够清楚地辨析是医生还是病人在讲话,甚至性行为也能被无意记录下来。2019 年 8 月 26 日,《卫报》刊登了另一则报道。报道显示,苹果公司对录音事件发表了道歉声明。苹果公司在声明中称,苹果公司设计的产品和服务是为了保护用户的个人数据。Siri 是一款开创性的智能助手,其目标是为用户提供最佳体验,但前提是要保护好用户隐私。"我们意识到我们并没有完全实现我们的崇高理想,为此我们深表歉意。"①

为此,苹果公司决定对 Siri 进行一些改进。首先,在默认情况下,苹果公司将不再保留 Siri 的互动录音功能。其次,用户将可以主动参与改进 Siri 的活动。苹果公司希望更多用户的参与会让 Siri 变得更好。当然,那些选择参与的用户可以随时退出。这一点便遵循了《公平信息实践准则》中的第二条规则——个人参与规则,他人在收集与利用个人信息时,应当征得当事人同意。苹果公司不再在未提前告知用户的情况下获取用户的 Siri 对话记录,而是遵循个人参与规则,在明确说明的情况下,让用户自行选择是否帮助苹果公司开展数据收集项目,这其中的关键是用户享有自主选择权,可随时参与、退出。再次,当用户选择加入时,只有苹果公司员工才能收听 Siri 互动的音频样本。苹果公司团队将努力删除所有被确定为无意中触发 Siri 的记录。

除苹果公司外,其他世界知名企业也曾被曝出类似利用、侵犯、泄露用户隐私的行为。例如:YouTube 被控未经父母准许非法收集儿童个人信息并用于推送广告;Facebook(现 Meta)由于管理纰漏,造成超过 5000 万的用户信息数据被一家名为"剑桥分析"的公司泄露。这些问题产生的根本原因是商业利益的驱使、管理监督的不当、机制不透明。

① 浅谈苹果语音助手 Siri 涉嫌泄露用户隐私事件[EB/OL]. (2020-10-08)[2023-03-02]. http://media-ethic.ccnu.edu.cn/info/1168/2357.htm.

二、国内隐私侵犯的现实表征

就我国而言,在新闻传播领域,也存在侵犯隐私的问题。一方面,随着自媒体的发展,对个人隐私的侵犯呈现新的形态,例如网络直播的出现,让各种以前隐私范畴的事例,被堂而皇之地摆出来,隐私的界限变得越来越模糊。另一方面,报纸、电视,包括新媒体等媒体侵犯隐私权的案例也时有出现,最典型的莫过于"人肉搜索"。

所以,通过以上分析我们不难发现,在传统媒体时代,媒体掌握着隐私是否公开的权力,其中报纸和电视又是关键性的媒体终端。但是,在互联网时代,传统媒体在隐私权的把控方面,遭遇来自新媒体的挑战。特别是以"人肉搜索"为代表,新媒体中的隐私权问题,往往涉及的是使用者的媒介素养。因此,在新媒体时代对隐私权进行保护,正在变得越来越重要,越来越值得关注和研究。

根据国内一些学者的研究,与侵害传统隐私权行为相比,侵害网络隐私权的行为和方式更加多样,而且不作为和过失以及上文分析的"侵扰伤害"也是侵害隐私权的方式。笔者初步总结后,发现主要有如下几种情况。

一是媒体对涉及隐私的报道应尽审核义务而未尽到。

二是个人资料收集机构保留错误的个人资料,未及时修正。

三是在收集个人资料时未履行告知或通知义务。2011 年,由于 Facebook 更改了一些用户设置却没有通知用户,美国联邦贸易委员会指控 Facebook 欺骗用户,强迫用户分享更多用户本无意分享的个人信息。Facebook 最终与美国联邦贸易委员会就该案达成和解协议,即 2011 年的和解令。和解令的要求之一是,Facebook 在针对隐私设置变化时要事先征得用户同意。实际上,未经许可通过各类插件秘密跟踪用户使用媒体的轨迹,是一些社交平台常用的做法。

四是保管他人资料,未采取必要的安全措施致使信息流失或失窃。2018 年 3 月 17 日,美国《纽约时报》和英国《卫报》共同发布了深度报道,曝光 Facebook 上超过 5000 万用户信息数据被一家名为"剑桥分析"的公司不当获取,用于在2016年美国总统大选中针对目标受众推送广告,从而影响大选结果。2019年7月,Facebook与美国联邦贸易委员会达成了和解,并针对2018年剑桥分析的隐私泄露丑闻交纳高达50亿美元的罚款。

第三节 隐私权与知情权的冲突

美国新闻工作者约翰·赫尔顿提出了在发表图片前的思考路径:“一个新闻工作者必须考虑或应当考虑,是否因为这些照片具有新闻价值就应当采用?刊登这些照片会不会在受害者及其家属处于极度悲痛的时刻严重侵蚀他/她不受外界干扰的权利?这样的照片会不会使受害者家属对悲剧场景永留创伤?”

诚然,新闻工作者在向公众传递社会信息时,需要把真实和客观的新闻事件呈现给公众,但其中需要掌握的度的确是新闻工作者一直以来需要考虑的问题。观看新闻视频的观众在面对类似于这样带有刺激性的画面时,他们接受的感官刺激反而多于理性思考,这会导致与新闻传播的本来目的相悖。同时,媒体在将素材展现给公众阅读观看之前,应考虑是否侵犯当事人隐私权并使其产生心理压力。新闻图像表达虽然是新闻的重要呈现方式,但是需要通过各种法规对其使用加以规范。

一、知情权

知情权是指知悉、获取信息的权利,包括从官方或非官方渠道知悉、获取相关信息。狭义的知情权仅指知悉、获取官方信息的权利。随着知情权外延的不断扩展,知情权既有公法权利的属性,也有民事权利的属性,特别是对个人信息的知情权,是公民作为民事主体所必须享有的人格权的一部分。

二、“知情需要”与“知情欲望”

面对隐私权问题,需要考虑两个相关联的概念,即“知情需要”和“知情欲望”。一般来说,知情权是一个法律问题,但如前文所述的隐私权一样,对于新闻媒体来说,这同时也是一个伦理问题。例如,警方的报告会记载犯罪嫌疑人、受害人和目击者的姓名,这是知情权的需要。但是新闻媒体是否可以刊登这些信息,如何刊登则需要考虑是否符合伦理规范。

在伦理学的范畴里,“知情需要”是知情权的另一种延伸。“知情需要”的概念源于哲学领域,它要求将他人希望保持私密的信息公之于众。一般来说,“知情需要”比知情权和“知情欲望”更具有强制性。在伦理学范畴里,“知情需要”是比知情权更应被新闻媒体所关注到的。因为知情权只赋予了个体了解事实的权利,但“知情需要”才给予了新闻报道的查证价值。例如,关于马航 MH370 航班失事的报道,如果仅仅考虑知情权,那么记者只会做出有关新闻事实的一些报道,但若考虑到“知情需要”,记者会报道失事人名单、国籍等信息,这些是遇难者家属所迫切需要的。因此,“知情需要”比知情权更深一层。

“知情欲望”则涉及另一类问题。一般来说,“知情欲望”来源于人的好奇心。例如,人们出于好奇想知道好莱坞的秘闻、娱乐圈的潜规则等。但是这些内幕我们大多无权知晓,所以新闻媒体应该避免将之与知情权和“知情需要”混淆。但在现实生活中,当前很多新闻媒体所刊发的新闻,往往是从大众“知情欲望”的角度出发,特别是在新媒体环境下更是如此。知情权、知情需要、知情欲望之间的递进关系如图 4-1 所示。

图 4-1 知情权、知情需要、知情欲望之间的递进关系

三、新闻报道中对侵犯隐私权的处理

沿着知情权与隐私权的问题,我们谈到了侵犯隐私权与过度消费知情权两个极端。那么,为了避免侵犯隐私权,我们在新闻报道中应该怎么做呢?

现在的新闻实践给出了答案,那就是要做到“知情同意”,特别是在灾难和死亡报道领域更是如此。这一概念源自医学领域,原指让患者理解医疗机构诊疗、护理的内容和程序,权衡利弊得失,对诊疗方案做出评价,根据自己的知识和能力做出决定。

在新闻报道中征求知情同意,是指记者有责任向被访者告知有关细节,包括表明自己来自哪家媒体,告知被访者如果统一接受采访会有什么后果,会有哪些益处,可能存在哪些危险等。

同样,在另一些情况下,要避免侵犯隐私权,除了知情同意,还必须考虑更高的伦理规则,可选择“无知之幕”,以及罗斯的多元价值理论加以解释。例如,在某明星出轨事件中,其亲属对于该明星的公开爆料也已经触及法律,侵犯了其个人隐私权。因为无论该事件的说法如何,该明星的行为本质上都只是其个人私德不端,其个人信息不应被不加保护地完全曝光。

第四节　消息来源保护

就定义而言,消息来源是指新闻从何处获得,有广义和狭义之分。狭义的消息来源是指一则新闻中所涉及的事实、观点和背景材料的出处,它表明事实、观点和背景材料从何而来,由谁提供。广义的消息来源既指新闻事实的提供者,又泛指构成新闻根据的全部新闻事实①。舒德森认为,要理解新闻,必须了解谁是消息的来源,以及如何与记者打交道。从某种程度上来说,消息来源往往是新闻事件或者客观世界的“最初定义者”,而不是一个中立的传递信息的中介。

一、匿名消息来源与中外现实问题

匿名消息来源是指那些不透露身份的消息提供者。运用匿名消息来源一度是记者扩展信息源,促使不愿意提供消息的人成为消息来源的有效方式,是有助于媒体追求专业性的业务手段。目前世界上至少有 65 个国家或地区的新闻职业道德准则中明确对消息来源进行了规范,包括消息来源保护、匿名消息来源、记者与消息来源的关系等。在新闻采访中,越来越多的受访者要求记者在报道中使用匿名方式。

---

① 李良荣.新闻学概论[M].4 版.上海:复旦大学出版社,2011:8.

(一)国内的现实与问题

1.匿名信息源增多与滥用

当前报道中“据悉”“据知情人士透露”“据可靠消息称”等字眼愈发增多,明明有明确的消息来源,却随意匿名表达,以致不少学者以为“据悉”之类是新闻写作的专业术语或特有词语。近几年来,一些媒体出现了滥用匿名消息来源的情况,这其中有记者被消息来源蒙骗、利用的原因,也有记者自身懒惰,为增加发稿量而炮制出假新闻的原因。滥用匿名消息来源不仅让新闻的真实性受到影响,也降低了记者的责任心和媒体的公信力。在新闻报道中常见的“据报道”“据权威人士指出”等都是媒体滥用匿名消息来源的表现。如果媒体滥用匿名消息来源的现状不加遏制,不但会让越来越多的假新闻得以出现,而且由于社会公众对媒体产生的不信任,也会让真正的匿名消息来源得不到保护。

2.对匿名消息来源的保护

中国媒体在关于匿名消息来源的新闻官司中,大都表现出替匿名消息来源保密的决心,即使记者面临着替匿名消息提供者保密和在法庭上有作证义务的冲突,在新闻伦理和职业道德面前,还是选择了替匿名消息提供者保密。替匿名消息提供者保密不仅是对匿名消息提供者进行保护的承诺,也符合诚信和人道的标准。

总体来说,当下我国对匿名消息来源的保护还缺乏相应的保障措施,相关法律条文亦需完善。

3.媒体职业规范

媒体在对匿名消息来源做出保密承诺之时,需要遵循以下职业规范。①只有在有证据证明,新闻线人提供的信息是捏造或故意歪曲,或新闻线人的匿名身份危害公共利益时,才可以公开其真实身份。②公开新闻线人身份时要征得其同意,并告知公开身份后可能带来的影响。③在节目播出时,对新闻线人要进行匿名处理,如使用化名、模糊处理画面、改变声音等,使其不被公众或亲朋辨识。④涉及公共利益并可能危害新闻线人人身安全时,可向公安机关申请对其进行保护①。

(二)国外现实与问题

2005年美国“特工门”事件中,《纽约时报》的记者朱迪斯·米勒因拒绝向法院透露消息来源,被裁定为“藐视法庭罪”而被判入狱84天,随后经消息提供者允许公开其身份后才出狱。朱迪斯·米勒因恪守新闻伦理与职业道德被奉为美国新闻界的英雄,然而有些人却质疑米勒的做法实际上是不把国家利益放在首位的表现。

正是由于面临伦理与法律交织冲突的问题,美国、欧洲等国家和地区也通过立法或者司法解释制定相关制度来权衡新闻自由与司法利益之间的矛盾。

1.美国法律认可有条件、有限度的拒证权

记者的拒证权是记者基于一定职业伦理、消息来源权益保障的考虑而拒绝向法庭陈述与案情相关的事实、透露消息来源及提供证据的一项权利。在美国,新闻记者在被法庭传唤时享有一定程度的拒证权,但是这样的拒证权是在一定条件下才能生效,且因案件的不同类型和法律的不同而异。主要分为以下两种情况。

(1)因案件类别而异。美国记者在民事案件、刑事案件、大陪审团作证的案件中所享有的拒证权程度各不相同。一般在民事案件中,记者可以主张行使拒证权,绝大多数法院也会支持记者的主张;在刑事案件中,法院若认可记者的拒证权,就会有更加严格的衡量标准,因为刑事案件事关当事人的生命及自由,所以赋予记者特许权的空间将会远远小于民事案件;在大陪审团作证的案件中,则没有法院承认记者可以拒绝作证或者拒绝透露消息来源。如果在大陪审团作证的案件中,记者拒绝作证或者拒绝透露消息来源,则会被裁定为“藐视法庭罪”。

(2)因州法律之间及州法律与联邦法律之间的区别而异。由于美国的立法和司法具有很强的独立性,因此州法律之间及州法律与联邦法律之间

---

① 陈力丹,周俊,陈俊妮,等.中国新闻职业规范蓝本[M].北京:人民日报出版社,2012:15,191.

在保护消息来源方面的规定上存在一定差别。在美国,除怀俄明州之外的其他各州都或以成文法,或以宪法解释,或以普通法,承认记者有保护秘密消息来源、拒绝作证的特许权。但是这些州对记者拒证权的具体规定内容存在很大差异。其中,在立法明文赋予记者特权的31个州中,有13个州及华盛顿哥伦比亚特区认为记者拥有绝对的拒证权,有18个州则认为记者拥有的拒证权是相对权利;有18个州和华盛顿哥伦比亚特区承认记者有权利拒绝透露任何未公开信息,包括不属于秘密消息的内容,其他的一些州则仅承认保护秘密消息提供者的身份及秘密消息,对其他的非秘密消息内容则没有进行明文规定予以保护。

同时,值得注意的是,美国各州给予记者的特许权是有限度的、有附加条件的,当记者掌握的信息与当下调查的案件密切相关,侦办案件极为迫切或者涉及重大公共利益且无其他渠道获知案件事实时,记者仍需要提供相关证据。在联邦层面,美国国会至今还没有通过相关成文法,但是美国联邦法院承认记者享有有限的特许权。

2.《欧洲人权公约》中的利益权衡

《欧洲人权公约》规定了人人享有表达自由的权利,承认记者拥有为消息来源保密、拒绝向法庭透露消息来源的权利。欧洲人权法院也在绝大多数的案件审理中支持记者对消息来源的保护,反对欧洲各国的法院在案件审理时强制要求记者公开消息来源或对记者住所、通信信息的搜索及调查。但是《欧洲人权公约》也规定了行使表达自由时所肩负的义务与责任,当案件关乎重大公共安全与公共利益时,记者有可能要做出妥协,向法庭提交消息来源。

由此可见,无论是美国,还是欧洲国家,对消息来源保护的法律规定都是在一定的条件和限度内的,记者并不拥有绝对的拒证权。这些法律法规的设定也都体现了世界各国在社会伦理、新闻自由、公众知情权和公共利益、司法利益之间的博弈与权衡。

梳理美国及欧洲国家对消息来源保护方面的法律,也为我国加快相关立法提供了一定的借鉴。对消息来源进行保护不但需要新闻媒体慎重对待和考量,而且需要我国不断加强和完善相关法律制度,还需要我国新闻学界和法学界的学者不断探索与思考。

二、如何对待消息来源

我们知道,灵通的消息来源是记者开展工作的基础,而记者对消息来源的依赖产生了一些真正复杂的问题。如果新闻机构不透露消息来源,公众会对内容真实性等产生怀疑;而如果公布消息来源,则会对消息提供者产生一定程度的危害。所以,为了解决这个困境,媒体会采取多种策略以对受众负责,并尽可能使消息提供者满意。

一方面,匿名消息使得社会公平、正义得到伸张,揭露了黑幕;另一方面,匿名消息也可能成为谣言的来源。

为了避免消息来源的不当,美国相关法律的条文指出:“记者必须警惕所有利用媒体达到个人目的的人。”另外,某些职业公约也做出了规定,避免消息来源的失真。例如,一般认为,所有消息在印刷出版之前必须经过两三个消息来源的证实。而少量新闻内容,允许记者对消息来源保密。

第五章

专题三:新闻的商品属性、假新闻与社会责任

第一节　新闻是否具有商品性？——商品性理论的缘起与演变

新闻是否具有商品性？能否被看作一种商品？这是新闻界多次讨论的问题,同时受历史环境与时代背景的影响,人们的认识也不断发生改变。追溯历史,报纸经营活动早已有之,改革开放以前就为学界与业界人士所关注。改革开放以来,随着市场经济体制的确立,新闻的商品性经历了多次争论。新闻业在21世纪得到了很大的发展,并朝着更加职业化、专业化的方向演进,同时,学界对于新闻商品性的理解也更加深入、透彻、全面,为今后新闻业的发展提供了有益的参照和启迪。

一、改革开放以前国人的态度

(一)"一馆之股,非万金不可":维新派报人对报纸商业化的认识

众所周知,中国古代诞生了最早的官方报纸——邸报,而与邸报几乎同时诞生的,便是京城印行、绕街叫卖的小报。虽然自诞生之日起,小报便遭到朝廷的严厉查禁,但由于它适应了社会获取信息的需求,同时又成为可以获利的手段,所以非但屡禁不止,反而获得了较大的发展,以至于到了南宋时期,"小报的数量激增,影响加大,最后发展到'以小报为先,以朝报为常'的地步"。明朝时,政府开始把小报纳入官方渠道,使之成为官方承认的行业之一。清朝时,民间报房得以继续发展,并且形成了自己的行会组织。各家报房为扩大经营,使用了包括重视时效性、沿街叫卖、送报上门以及改进印刷等多种手段。之所以实行以上措施,都源自一个原因:在办报者看来,这些报纸是可以营利的商品。

19世纪初,西方传教士开始把近代报刊带入中国。早期的传教士创办报刊的目的主要在于宣传教义,无所谓经营问题;但随着报刊在中国发行的规模不断扩大,经营问题终于被提上了议事日程。1854年,奚礼尔接手主编《遐迩贯珍》,作为一个成功的商人,"他深切了解在商业社会中,报纸与商情关系的密切",自翌年第一期起,该刊发行附刊《布告篇》,专登商业广告,

开近代中文报刊刊登商业广告之先河,大大促进了该刊的发行量。由此,广告在报刊经营中的重要作用开始被早期中文报刊的主办者所重视。此后创办的《香港船头货价纸》《香港新闻》《上海新报》的经营者无不重视行情、船期和广告,而1872年4月创刊于上海的《申报》更是自始至终将营利作为其首要目的。

这种趋势对当时的国人产生了深远的影响。对于国人来说,报纸商品化的观念与他们的传统认识产生了强烈冲突。“文明和文化都涉及一个民族全面的生活方式,文明是放大了的文化。它们都包括‘价值、规则、体制和在一个既定社会中历代人赋予了头等重要性的思维模式’。”儒学是中国传统社会的文化核心,几千年来,秉持“君子喻于义,小人喻于利”的中国士人阶层对居“四民之末”的商人及商业活动抱有鄙视心理。虽然他们逐渐习惯了购买及阅读报纸,但却很难接受以文字牟利的行为,报人在很长一段时间里被称为“文人之末路”,便是明证。1890年前后的国人,大多“不知报纸为何物,父老且有以不阅报为子弟勖者”。但是,报纸进入国人生活,是与中国逐渐沦为半殖民地半封建社会相伴随的,因此,中国的报纸就被“赋予了西方报刊所没有的、力挽狂澜的沉重感。这一角色决定了晚清报刊的整体面貌,其结果之一便是其内容远远超出新闻的范畴,还要承担提供时务、论述、西学知识体系的任务”。随着国家的日渐沦亡,知识分子阶层救亡图存的呼声日渐高涨,以康有为、梁启超等为代表的资产阶级维新派开始登上历史舞台,他们敏锐地意识到了报纸在宣传鼓动方面的巨大作用。公车上书后,康有为拟在北京组织强学会,“思开风气,开知识,非合大群不可”,“合群非开会不可”,但“办事有先后,当以报先通其耳目,而后可举会”,乃于1895年8月17日创办《万国公报》,赠予在京官员阅读。当时的他们,仅仅重视报纸作为政治斗争工具的作用,还未注意到报纸的经营问题。但是随着办报工作的开展,以及政治斗争形势的变化,他们迫切需要吸引更多的读者,而这就需要重视读者的需求。

1896年初,梁启超南下上海,会同汪康年筹办《时务报》,获得巨大成功。虽然《时务报》股金较充裕,来自各地的捐款也源源不断,但梁启超还是从中体察到了经营对于报纸的重要意义。1897年1月,康有为有意在广西创办日报,梁启超回信反对,认为"(从《时务报》经验来看)一馆之股,非万金不可,销报非至三千不能支持","且自来日报无不亏本者,专恃告白为之弥缝。桂中商务未兴,商家皆蹈常袭故之招牌,陈陈相因之货物,无藉于登告白。此途一塞,日报无能开之理"。回信表明梁启超当时不仅对报刊经营有了一定的了解,还进一步结合当时中国社会的现实,对报刊在当时中国的实际应用作了思考。而实际主持经营的汪康年则更是对此认识深刻,1898 年 5 月,汪康年撰写的《〈时务日报〉章程》十二条中,便有两条专讲"告白",甚至规定该报把"聚会告白,如同业会议及寿筵喜筵"均"编入新闻之中","每日每事,取洋一元"。这种把新闻和广告混为一谈的做法与今天的"有偿新闻"颇有几分相似之处。

对于康梁等人来说,外在环境的变化导致他们开始从事办报这一全新的活动。在此过程中,为了维持报纸的生存发展,同时也为了吸引受众,更好地宣传维新变法的思想,他们不得不开始重视报纸的经营管理——虽然这与他们恪守的价值体系相悖,但这成为维新派报人共同的选择。自《时务报》之后的资产阶级维新派报刊,大多刊登广告,重视经营:由熊希龄任总董事于 1898 年 3 月 7 日创办的《湘报》"对报馆实行资本主义企业式的经营管理",并且"广告版面始终占有全报 1/5 到 1/3 左右";由严复等人在 1897 年 10 月 26 日创办于天津的《国闻报》则更是"前 4 个版面为新闻与评论,后 4 个版面全部是广告"。

总之,面对晚清国家积贫积弱的局面,维新派士人选择了报刊这一工具,试图实现其救亡图存的理想。在宣传变法图强的同时,他们也逐渐对报刊商业经营的问题有了一定的了解,并逐渐予以重视,此可谓近代中国新闻商品性理论之嚆矢。随着国人办报活动经验的不断积累,理论化的总结也逐渐开始。

(二)"新闻纸发展之一种向上的进化也":国人新闻社商业化理论之嚆矢

与报刊一样,新闻学理论也是近代中国的舶来品之一。中国最早的新闻理论著作,是 1903 年翻译出版的日本学者松本君平的《新闻学》一书。该书作者明确认为:"(现今的新闻业者)以新闻为一种营利之具。""既以新闻为营利之事业,则新闻乃商品之一种。而于新闻市场,能得多读此新闻者之妙用，亦如市场中之货物然。货品良则购之者多，货品劣则购之者少。此一定之理。而新闻之经济，亦与此同一原则也。”总之，“一言以蔽之，新闻者，不可不求其利益，与普通之商业相同”。

1913年，上海广学会又翻译出版了美国记者休曼撰写的《实用新闻学》，此书更明确主张：“今之报馆亦一种之营业也。办报者之所以从事于此，亦与设肆列廛者等耳。”“今之报馆则最大目的在得钱，此无可讳者也。”所以“苟办报者而觉社会之所好尚，为感情之报章，售额最多，则其所以供给社会者，当为世所云之黄色新闻。犹之贾客卖布，主顾欲得棉则不当与以麻也”。

1929年，中国新闻学先驱徐宝璜发表《新闻事业之将来》一文，对“新闻社商业化”问题做了系统的阐述。

吾所谓为新闻社商业化者，大别有二。

（甲）报纸销售以吾人夙昔理想，报纸销售当然的为新闻社之最大收入，孰知竟有不然者，一束的新闻纸，往往定价甚廉，反不足偿其白纸之费，此亦大谬也。实则新闻纸销路广，广告亦增多，在登广告者固择销行最广之新闻纸以刊载，是以广告多寡与报纸销路，颇有因果。而执新闻纸业者亦不歧视之，善营新闻业者必精其内容，美其印刷，阅者既多，销行自广矣。

（乙）广告经营用广告营业以维持报纸生活，此殆已成今日新闻社之公例。诚如何使广告发达，则业新闻者固有所期望与普通社会上一切商业之蓬勃，非大商行必不能出巨资以刊广告。新闻纸乃从而受其影响，商业愈繁盛，商战将愈猛烈，为征求主顾之原因，自非大张其广告不可。新闻纸上广告既多，则无须于津贴，议论亦归于纯正，消息因亦求其灵确，销路既然广，广告遂亦臻上乘矣。

统见上述二者，实互相以为因果也。更普以言之，今日新闻社，大半集股以成，多属有限公司，则其商业性质，早已成立。年终则有红利，股票则有行市，谋其营业之拓展，自弗待言。其所以为商业化者，更非只述报纸销售广告营业之局部也。稍大规模之新闻社，更有附属，为代人印刷，代人铸字，此亦皆含有商业趣味，可以约而言之，新闻社之商业化，乃求其新闻纸发展之一种向上的进化也。

在这短短的几百字里,徐宝璜对于“新闻社商业化”提出了以下几个观点。第一,新闻社商业化的收入大体上有两个部分,即报纸销售和广告经营。第二,两者“互相以为因果”。报纸广销,广告自然增多;广告一多,新闻社便“无须于津贴,议论亦归于纯正,消息因亦求其灵确”,更能吸引读者,扩大销路。第三,新闻社还应该注意附属产业的经营,“为代人印刷,代人铸字”,同样也可以给新闻社增加收入。第四,要想做到扩大销路、吸引广告,新闻社经营者必须“精其内容,美其印刷”,在新闻内容上下大功夫。第五,在他看来,新闻社的商业化是一种进步,是“新闻纸发展之一种向上的进化也”。虽然徐宝璜并未明确提出新闻商品性的问题,但不难看出,他事实上是把报纸和新闻当作新闻社的产品来看待的,并且认为这种商业化趋势是一种进步。这种认识,既来源于国人三十余年的办报实践,更在很大程度上受到了西方新闻理论的影响。由此可见,中国的新闻理论从其创立之初便认可了报纸及新闻具有商品性的看法。

(三)同途异路:20 世纪三四十年代两大阶级对新闻商品性的看法

20 世纪 20 年代末 30 年代初,中国新闻事业开始出现了报业垄断现象,虽然不像西方国家那样来势汹汹,但在中国新闻学界开始了一场对新闻事业经营可否“营业化”的争论。而引起这场论争的导火索源于中国新闻业界出现的现实问题——史量才并购《新闻报》。1929 年初,史量才与福开森接触,秘密购买了报纸 65%的股权。1929 年 1 月,此消息甫一传开,便掀起轩然大波,一场声势浩大的“收回股权运动”随即展开。《新闻报》员工利用报纸之便,于 1929 年 1 月在《新闻报》一版广告中刊登《本报同人紧要宣言》《本报全体同人第二次宣言》,力主收回股权。全国大大小小的几十家报纸连篇累牍报道风波的进展情况,在当时的中国,报纸作为新生事物,大众对于报纸的垄断持激烈的批判态度,反对报业进入商品买卖的呼声成为主流。虽然当时以戈公振等为代表的进步人士纷纷发表支持“新闻商品性”的进步言论,但是在批判新闻商品性的大潮之下,仍不能占得上风。这场风波拉开了关于新闻商品性学术讨论的大幕。

与这一时期中国社会的政治分野类似,资产阶级与无产阶级的新闻学者在新闻商品性问题上也表现出了泾渭分明的态度。资产阶级新闻学者大多主张新闻已经并且应该成为一种商品,新闻事业应该并且必须向着企业化方向发展。如黄天鹏认为:“我们从其性质分析起来,现代的新闻纸也是一种营业了。它一方面以新闻来卖给读者,即是新闻发行;另一方面以广告卖给广告主,即为新闻广告。”储玉坤也认为:“现代报业的特质,一言以蔽之,就是‘报纸商品化,报馆托拉斯化,管理科学化,其最终目的,在利润的取得’。”任白涛也将报纸称作“报纸工场”,并在其六卷本著作《综合新闻学》中单独把“经营和管理”列为一卷,占了全书篇幅的1/4,为各卷中之最长,其中从经营形态到管理方法,再到新闻生产以及广告,甚至造纸和油墨等,无所不包。

虽然认可新闻及报纸的商品性,但这些学者亦大多认为新闻与商品不能简单地等价而论,而应“营业与事业并行”。黄天鹏认为:“在表面上看起来,(报纸)也似乎是一种营业,但本质上和普通营业还有点不同,是带有点公共机关的性质,营业固然要谋独立,同时也要拥护公众的利益。”“新闻事业虽是一种营业,但这种营业的立足点是建立在公众利益上面,凡事以公众的利益为前提,有损害公众利益的,纵能获利也不应该为。”胡政之亦云:“中国素来做报的方法有两种:一种是商业性的,与政治没有关系,且以不闻政治为标榜,专从生意经上打算;另一种是政治性的,自然与政治有了联系,为某党某派作宣传,但办报的人并不将报纸本身当作一种事业,等到宣传目的达到了以后,报纸也就跟着衰歇了。但自从我们接办了《大公报》之后,为中国报界开辟了一条新路径。……我们的最高目的是要使报纸有政治意识而不参加实际政治,要当营业做而不单是大家混饭吃就算了事。这样努力一二十年之后,使报纸真正代表国民说话。”

与之相对的,无产阶级新闻学者虽然也承认新闻事业已商品化的现实,但却坚决反对这种现象,认为新闻与新闻事业的本质在于阶级性和政治性。张友渔认为:“在资本主义很发达的现在社会,在表面上看,报纸已变成一种商品,报业成了一种营利主义之企业。但在紧要的时候,仍然要露出它的政治统治的工具的本性。”这种“本性”是什么呢?“就世界大势看来,最近的将来的社会,将为两个对立阶级斗争的社会,报纸在这种社会中,一定会要变回到它最初的情形,即政治斗争性,掩盖了营利性。”恽逸群也指出:“新闻和政治是不可分离的。任何新闻机关,不论是报纸或通讯社,都有它的政治立场。”“新闻是为政治服务的,而且必须为政治服务。”

总之,20 世纪三四十年代的中国新闻学者及报人们,虽然都承认新闻商业化的现实,但在如何对待这一问题上却产生了明显的分歧。从理论上来看,资产阶级新闻学者并不排斥这一现象,只是主张对此略加限制与引导;无产阶级新闻学者则根本排斥新闻商品化的现象,强调新闻与新闻工具的阶级性与政治性。从实践来看,胡政之的“营业与事业并行”与邹韬奋的“为了事业而赚钱”似乎颇有异曲同工之妙,但细究之下却大有不同:胡政之把营业作为与事业并行的部分,二者同等重要;邹韬奋则把赚钱视为辅助事业的手段,前者从属于后者。出现这种分歧的原因,首先是由他们各自不同的阶级立场所决定的。从实际来看,虽然胡政之等在报业经营领域取得了相当的成就,但在当时中国社会战乱不已的情况下,他们所向往的那种“文人论政”和资本主义报业大发展的情况,事实上是不可能实现的;而恽逸群等人的观点显然有更合理之处。

(四)定于一尊:1957 年对“报纸商品性”的讨论

1949 年 10 月 1 日,中华人民共和国成立,中国历史掀开了新的一页。新中国成立伊始,百废待兴,党和政府没有太多资金投入到新闻事业当中,这就需要新闻工作者自力更生。1949 年 12 月,新闻总署召开全国报纸经理会议,决定报纸在经营上实行企业化方针。在新闻总署的指导下,位于北京、上海等地的 83 家广播电台和《北京日报》《解放日报》《文汇报》等 253 家报社相继恢复和开设广告节目或版面。1950 年 9 月,中宣部发布了《关于报纸实行企业化经营情况的通报》,指出企业化经营虽然取得了一些成绩,但“有些报社的同志还不了解和不重视企业化的方针……希望你们检查一下各报的经营情况,批判各种错误观点,督促各报切实执行企业化经营方针,已自给者做到自养(以盈余来减低报价,扩大发行,帮助发展下级小报等)。未自给者应向已自给者参观学习,尽量使省级以上的报纸在一九五一年中消灭赔耗数字,做到自给自养”。

20世纪50年代，复旦大学王中教授完成《新闻学原理大纲》一书。他提出报纸既是政府的宣传工具，又是老百姓花钱买的商品，具有工具性和商品性。他认为“办报卖”和“买报看”两个方面必须结合，这就要求报纸要很好地为读者服务，让读者自愿地购买。但是由于当时的政治环境，1957年开始反右运动，斗争的矛头多次对准报社，王中的新闻观点被认定为“反动新闻理论”“资产阶级新闻理论”，因而遭到批判。

根据马克思主义经典理论，社会主义社会不存在商品货币关系，这一理论对列宁产生了巨大影响，所以十月革命后，列宁便积极推行战时共产主义政策，导致了严重的经济危机。残酷的现实使得列宁意识到这种做法的错误，转而实施新经济政策，有限度地恢复商品经济，但列宁去世后，苏联重新走上了消灭商品货币关系的旧路。新中国成立后，实行向苏联“一边倒”的方针，全面学习苏联模式建设社会主义国家，商品与货币等观念被视作区分资产阶级与无产阶级的标杆。王中教授是从实际工作出发的，他对社会主义社会中报纸与受众关系的思考，具有相当的合理性。

二、改革开放以后的三次论争

（一）1982—1984年的讨论

1978年，财政部批准了《人民日报》等几家位于北京的报社试行企业化管理的报告，过去作为党的事业的报社，开始实行一种过渡性的管理方式：事业性质、企业管理。1981年1月，时任《人民日报》副总编辑、中国社会科学院新闻研究所所长安岗指出：“报纸作为一种特殊的商品，它已经进入了市场竞争，由读者根据自己的需要选购。我们应当在承认报纸的党性、政治性的同时，也承认报纸具有商品性。报纸的商品性决定了它与社会的经济活动密不可分，是全社会经济活动中的一个组成部分。”他还提出要研究读者和广告学。但是，当时全国报纸经济体制的改革尚没有提上日程，关于报纸是商品的说法也没有引起足够重视。

直到1982年10月，北京新闻学会的会刊《新闻学会通讯》上才有了一篇相关文章，作者是刚毕业的新闻学硕士罗荣兴。他从报纸是商品，进而谈到新闻是否属于商品的问题。他根据《资本论》第一卷中关于商品的定义,认为必须是有形的物,才可能成为商品,而“新闻不是一个物品”,所以“新闻不是商品”。“只有表现为有形物品的报纸可以成为商品。我们花七分钱买一份《人民日报》,买的是作为商品的报纸,而不是非商品的新闻。”接着,另一位年轻人李湛军,在1983年3月出版的《新闻学会通讯》上发表了反驳文章,列举世界各大通讯社销售新闻的业务情况,指出:“否定新闻商品性的存在,是一种不承认事实的做法。”同年11月,罗荣兴发表第二篇文章,引证了马克思的许多语录,说明“信息是不能买卖的”,“作为信息的新闻在任何场合都不会以商品的形式出现”。他甚至认为,“即使是可以控制的营业性的有线广播和闭路电视,也同看戏一样,听众和观众购买的不是商品”。1984年7月,在《新闻学会通讯》上,李湛军发表了第二篇文章,重申新闻是商品的观点,同时反驳了罗荣兴的观点。同期,在《新闻学会通讯》上,陈力丹也发表了文章,较为全面地阐发了马克思关于消息、服务如何成为商品的论述,纠正了罗荣兴在研究马克思论述方面的错误。

但是,同样由于全国新闻媒介的经济体制改革没有提上日程,这场讨论实质上还是文人之间的笔墨官司,对社会影响很小。

(二)1986—1988年的讨论

1984年10月,中共十二届三中全会提出发展社会主义商品经济,这是走向市场经济的过渡步骤。中国的社会经济体制开始发生变化,全国原有的媒介经济体制第一次受到触动。但是,经过了几十年对“商品经济”的批判,真正懂得商品交换的人并不多,人们对它的理解经常是扭曲的。鉴于新闻界出现的广告新闻问题,1986年9月,四川省都江堰市广播电视局杨飙先生在四川省社会科学院新闻传播研究所的刊物《新闻界》1986年第5期上发表文章,提出“我国新闻不是商品”的论点,他显然不知道之前有过罗荣兴的文章,重复引证马克思关于有形商品的论述作为论据,说明新闻是精神产品,所以不能是商品。陈力丹则在该刊下一期发表文章,再次纠正其对马克思关于商品论述的错误理解,提出“新闻是一种特殊的商品”的论点,并指出有偿新闻与新闻作为商品是两回事。陈力丹写道："新的生活动荡往往伴随着对走向现代化的困惑，一遇到问题，就会唤起对过去平静生活和陈旧观念的怀念。广告新闻、无执照小报的出现，使人要再次批判新闻的商品性，这是我本人最初也没有避免的事情。"但是，"中国要实现现代化，必须经历一次商品经济和全方位开放对社会生活、人的心理、传统文化的洗礼，必须造就适应商品经济发展、适应政治民主化的一代新人"。

这次讨论参与面较大，中国人民大学和复旦大学新闻系的教授也参加了讨论，共发表了10篇文章。1988年3月，《新闻界》编者发表综述《一次有意义的新闻理论探讨：关于"我国新闻是不是商品"的讨论综述》，结束了这次讨论。文章对两方面的意见都予以介绍，困难在于怎样作总结。于是编者将时任中宣部新闻局局长王福如同志、国家新闻出版署副署长宋木文同志的讲话，作为实际上的结束语。王福如同志说："有的报社把商品交换的原则带到新闻领域，把新闻当成商品，出卖版面。"宋木文同志说："无论如何都不能把商品交换的原则引入新闻报道工作中来。"

（三）1992—1996年的讨论

1992年邓小平同志发表南方谈话，标志着中国进入了全面实行社会主义市场经济的发展阶段。

于是在各个新闻业务刊物上，纷纷出现讨论新闻商品性的文章，讨论持续的时间之长，是1978年以来罕见的。但就发表的内容而言，依然是重复前两次讨论的老话题。对新闻商品性持批判态度的一方，其言论政治色彩浓重；而认为新闻是商品的一方，则以讲道理为主。

20世纪80年代至今的40余年里，正是当代中国发生整体性深刻变革的重要历史时期。在这一时期，中国逐步呈现多元化、市场化的特征。这一时期关于"新闻商品性"的学术论争进行得极其热烈。从1986年开始，新闻界出现了抬高报纸商品性的苗头。针对这种新形势，1988年《新闻界》杂志开展关于"新闻是不是商品"的讨论，并刊发了甘惜分教授的文章——《精神产品不能提倡商品化》。新闻学界、业界也开始有意识把报纸的商品性提高到报纸的根本性质的问题上来研究。

讨论中出现了一类折中的观点:报纸具有不完全的商品性。有学者认为,当经济效益与报纸的社会责任和政治利益发生矛盾时,就不能不看到报纸客观存在的非商品特征,不得不暂时放弃眼前的经济效益。所以对报社的经营管理要按企业化方式进行,而不能将其办成纯粹的营利机构。新闻是有着多种属性的完整概念,否认与无限夸大它的商品属性都是片面的。持这种论点的学者,实际上是同意新闻具有商品性的,但考虑到另一种强硬的反对意见,把话讲得“圆”了一些。

三、西方的新闻商品性

随着社会生产力的提高,自然经济逐渐瓦解,商品经济随之繁荣起来,商业信息对于人们生活的重要性日益凸显。为了适应这种需要,文艺复兴时期,首先在威尼斯,其后在欧洲的一些商业城市出现了商业性的手抄新闻报纸。1609 年,世界最早的印刷周报——德国的《报道或新闻报》公开发行;50 多年后,世界最早的日报——德国《莱比锡新闻》公开发行。特别是 1833 年美国《纽约太阳报》公开发行,其发行量为当时美国之最,因售价低廉被称为便士报。大众化报纸便士报的出现开创了世界报业新局面。

由此可见,新闻产品的这种商品性,几乎贯穿在近现代新闻事业发展的全过程中。从 16 世纪威尼斯人花一个铜板买一份手抄小报以便了解航运信息、外地商情,到现代人买报订报以便了解经济动态、政局变化、国际风云,从早期路透夫妇手抄的行情快讯,到今天各大通讯社向用户提供的范围广泛的新闻稿,以及通过电脑终端日夜传送的金融信息、股市行情、外汇比价、国际商情,无不显示了新闻的商品性。电子新闻也并不是“不出卖、不参与交换”的。世界上有几十个国家规定受众接收广播电视新闻要付视听费,许多卫星电视台的新闻也不是无偿提供的。有些广播电视台没有收取视听费,但是只要播送广告,就存在间接的商品交换,就同样表现了新闻的商品性。

第二节　新闻的商品属性

一、概念界定与概念辨析

(一)新闻的商品性

现在关于新闻理论方面的教材一般认为,新闻的商品属性是指新闻媒介产品是新闻的物质承担者,是物化了的人工劳动,因而是商品。

我们可以从政治经济学的角度对新闻的商品性进行更深入的阐释。

首先,新闻产品是劳动产品。马克思主义者认为,人类社会的生产可以分为物质生产和精神生产两大类。在这两个生产领域,人类都会按照一定的关系组合起来,从事有目的的劳动并且创造出合乎人们需要的商品,即某种形式的劳动产品。物质生产是人和自然之间的物质变换过程,其表现形式,即产品一般是有形的。精神生产是人对自然和社会的反映、认识和互动过程,其表现形式,即产品可以表现为多种形态,而且可以不因人们的使用或消费而很快消逝。新闻是对新近发生的事实的报道,它是人们从客观世界摄取来的关于事实的信息。而这种向客观世界摄取信息的过程则是一种既要消耗脑力,又要消耗体力的劳动过程。“新闻是跑出来的”“当好记者必须口勤、脑勤、手勤、腿勤”说的正是这种劳动的必要和艰辛。要把一件事采制为完整的、可以向社会公众传播的新闻,记者需要花一番功夫:进行种种问询和调查,弄清时间、地点、相关的人物、事情的前因后果,然后写成文字或者录音摄像,借助某种通信工具传递到媒介编辑部,经过技术处理,然后才能成为可供传播的新闻产品。所以,大众传播中的新闻不是唾手可得的自然物,而是一种劳动产品。

其次,新闻产品可以被生产和交换。马克思主义者认为,人类的劳动产品如果不是供生产者自己使用,而是以交换为目的而生产的,那便是商品。“谁用自己的产品来满足自己的需要,他生产的产品就只有使用价值,而不是商品。……要成为商品,产品必须通过交换……能同别的产品交换的产品就是商品。”

大众传播中的新闻产品,是为了满足受众的信息需要而生产的,不是为了记者、编辑自己的需要而生产的。作为一种精神产品,它若要在受众中间传播,就必定要对受众具有某种使用价值,否则就不可能为受众接纳,更不可能进入大众传播领域。根据传播学研究中的"使用与满足"理论,受众被看作有着特定"需求"的人,他们的媒介接触活动被看作基于特定的需求动机来"使用"媒介。正是为了实现这种大众的"满足",大众传播中的新闻产品就必然包含能够满足他人需求的使用价值。从这个意义上说,它应该是"能同别的产品交换的产品",也就是说,新闻具有了潜在的商品属性。有了使用价值,还必须通过交换,新闻才能实现其自身的价值。在商品经济体系下,新闻产品在市场上以各种形式实现了商品交换。最直接、最显而易见的交换是受众直接付钱,如支付广播电视的视听费等,借以获得新闻;较为隐性的,却是媒体收益较大的便是广告收入。媒体把本该是受众获得的报刊版面或广播电视时间中的一部分拿出来,让给广告客户有偿使用,由这些广告客户以广告费的形式代受众向新闻媒体付费,从而使受众付费降低而又能获得相当数量的新闻。

最后,新闻具有使用价值和价值。新闻产品同其他一切进入交换领域的劳动产品一样,具有使用价值和价值。采集、制作、传递新闻的具体劳动,创造了新闻的使用价值;在采集、制作、传递新闻的具体劳动中都凝结了社会必要劳动时间,体现了人类的抽象劳动,从而形成了新闻的价值。

媒介产品作为精神产品,它的使用价值不同于物质产品的使用价值。1969年,麦奎尔等人开始对电视节目做调查研究,通过概念操作、受众样本抽选和数据分析,他们归纳了媒介产品能满足人们需求的四种基本类型。

还必须指出,作为精神产品的媒介产品,它的使用价值是通过一定的物质载体来实现的。这种物质载体已经由原来的报纸、杂志,发展到现在的广播、电视、网络等多种新闻媒体。正如信息的传递需要一定的物质载体一样,新闻正是通过各种不同的新闻媒体来体现其使用价值的。新闻产品的价值,是"无差别的人类劳动的单纯凝结"。任何商品价值的形成,都包含着人类的体力劳动和脑力劳动。所不同的是,有的是以体力劳动为主,如制造桌子、椅子；有的则是以脑力劳动为主，如撰写新闻稿。体力劳动具体可测，要测量脑力劳动并不是那么容易。一般来说，新闻产品价值的量化要从两个方面进行：一是计算新闻生产过程中生产资料的消耗，也就是计算“死劳动”的量；二是计算新闻采集、制作、传递过程中活劳动的量。根据马克思对商品的定义，我们可以得出这样的结论：新闻产品是为交换而生产的劳动产品，具有价值和使用价值。和其他商品一样，媒体通过各种发行渠道与受众实现钱物交换，以此来满足受众的需要。因此，新闻是具有商品性的，商品性是新闻本身的固有属性。

（二）有偿新闻

新闻的商品性和有偿新闻是一回事吗？二者有何联系与区别？笔者将对有偿新闻和新闻的商品性这两个概念进行辨析。

首先需要明确的是，新闻的商品性与有偿新闻不能混为一谈。新闻是为交换而生产的劳动产品，它具有价值和使用价值，商品性是新闻的固有属性。因此，媒体在运行过程中要严格遵守经济规律。而有偿新闻则基于权钱交易，是一种新闻腐败现象，因此要坚决予以杜绝。

1983 年 7 月 13 日，上海《文汇报》在第四版开辟了新栏目，取名《商品广告》，以小半版篇幅刊登商品求购类信息。这个新栏目的发刊说明表示：“本报新辟这个专栏，作为改革商品广告宣传的一种新尝试。欢迎各地厂矿企业提供类似的商品介绍广告稿。”这个栏目既有商品信息，又有商品使用知识，宣传形式新颖可信，被称为“广告新闻”。在这个专栏刊登消息的厂家根据占据版面面积的大小，适量交纳版面费，而版面费作为编辑部成员的奖金。这个栏目仅仅存在了一个多月，就被报社下令取消了。

随着报业如火如荼地发展，全国各地报纸陆续开辟介绍新兴企业及其产品的专版、专栏。然而一些专业报纸在版面中对新闻和广告不加区分，致使广告和新闻真假难辨。

从改革开放开始到今天，中国已经形成了一个巨大的媒介市场。巨大的媒介市场必然催生出巨型的媒体，巨型的媒体则需要巨额的资本来支撑。特别是在媒体脱离了国家财政拨款，同时又面临着内部竞争加剧、外部承受国际化和数字化冲击的今天，若要生存和发展，吸纳社会资本、扩充融资渠道是必须之举。而此时,蓄势待发的社会资本正好把眼光投射到媒介领域,广告也不例外。

然而新闻不同于广告。新闻机构是社会的一个重要职能部门,它对整个国家生活,包括民主政治的健全、市场经济的发展和民众伦理观念的形成,都有无可取代的重要作用。很多时候,新闻是客观公正的文化表征,它的崇高而独立的价值取向,赢得了大多数受众不设防备的信赖。这时,嗅觉灵敏的商家便越来越垂涎于新闻所带来的深远影响力,他们已经不再满足于那些吆喝叫卖之类的广告,而相中了新闻在受众中的公信力和美誉度。于是他们开始借助金钱和物质利益,将广告披上新闻的外衣,依托新闻的客观公正来提升广告的可信度。而新闻媒体为了自身的发展壮大,更是不遗余力地扩充融资渠道,广泛吸纳社会资本。企业需要新闻媒体的权威性,新闻媒体需要企业的资金投入,两者一拍即合,便出现了新闻报道权向广告的"让渡"——有偿新闻。

所谓有偿新闻,又叫广告新闻、金元新闻等,是指编辑、记者甚至媒体法人将国家和人民赋予的编辑版面或安排节目时间的权力据为己有,并非法出售。这是一种权力与金钱的交易,违反商品交换的基本原则。

有偿新闻按"有偿"形态可分为六类。①接受劳务费等红包、有价证券、礼品,获取各类消费好处,如餐饮、旅游、入学、住房和为亲友解决工作问题等,这是最为典型的有偿新闻行为。②以新闻为诱饵换取经营利益(如广告、发行)或赞助。③以内参、曝光等为要挟,迫使对方提供钱、物、好处等。④媒体给采编人员下达创收指标,从而使有偿新闻堂而皇之地成为经营创收手段,如有偿组版、联办节目。⑤不同媒体或新闻单位(包括记者、编辑)之间以获取不正当利益为背景而互相交换新闻。⑥某些中介或公关公司以盈利为目的,非法运作(实为经营)新闻采编业务。

由此可见,有偿新闻背离了新闻的本源,即事实第一性、新闻第二性的原则。它不再维护新闻的客观性、真实性,按照新闻价值标准对其进行取舍;更不再扮演监测环境守望人的角色。它是假借新闻的模式,利用新闻的公信力,将媒体的新闻宣传业务与企业经营创收不法地结合起来,或是帮助商家宣传商品,或是为了帮助某些人宣传政绩、业绩,成为一些官员和企事业单位"见报""出镜""上广播"而沽名钓誉、升官晋级的资本。它以牺牲新闻的严肃性为代价,去换取某些人的个人利益。

所以,有偿新闻和新闻的商品性根本就是两个不同的概念。所谓新闻的商品性,是指新闻在流通过程中具有商品的特性,它是通过买卖关系被受众所看所听所知晓而实现其商品性的。而有偿新闻则是报道对象出钱让新闻媒体用新闻报道的形式来宣传自己。这种宣传是按照报道对象的意图进行的,其间虽也有买卖行为发生,但它却是在报道对象和新闻机构或新闻从业人员之间进行的,其中并不涉及广大读者,买卖的东西也不是新闻产品,而是传播新闻的权力。

二、新闻特殊的商品性

在肯定新闻在市场条件下具有商品性的同时,我们也应该充分认识它同其他商品的不同,因此要重视新闻特殊的商品性。

新闻是精神产品,而且是一种同社会现实关系紧密、对社会生活影响直接的精神产品。它的使用价值同物质产品的使用价值大相径庭,同其他精神产品的使用价值也有所区别。物质产品的用处在于满足人们对衣食住行之类物质生活的需要,精神产品的用处在于满足人们认识世界、增长知识、陶冶情操、休闲娱乐等精神生活的需要。由于新闻的本质在于及时迅速地反映客观世界的新近变化,因此它的使用价值较其他精神产品的使用价值具有更强的实践性。它会帮助人们及时迅速地了解周围环境的变化、认识现实世界的发展,也会直接影响人们当前的经济活动、政治活动或其他社会活动,直接地作用于社会经济政治的现实进程。

了解环境、认识现实,这又是一个复杂的过程,它与人的立场观点、思维方式、价值观念紧密相关,因此新闻信息的传播必然经常同意识形态的影响交织在一起。当然,新闻本是进入传播过程中反映客观事实的信息,它不是人们对事实的主观评论,因而就其本质来说,新闻并非社会意识形态。只要关注人际传播或大众传播中的许多动态新闻,尤其是科技、体育以及自然等方面的新闻,就会看到不掺有意识形态因素的新闻信息的本来面目。但是从另一方面来说,传播者对外界信息的反映表述、选择取舍、编辑加工,却又避免不了受主观因素的影响,这就使得许多新闻产品(尽管不是所有新闻产品)带上了意识形态的印记,具有了意识形态的属性。尤其在重要的、紧迫的时事问题报道上的意识形态倾向,往往极大地影响公众舆论,影响人们对这些问题的认识。正因为如此,世界上各种政治力量无不十分重视对新闻机构的管理、影响,竭力使之为自己服务。

但是,不管新闻产品所受的意识形态影响有多大,在市场环境中它们一般都要经过市场交换走向受众,它们的使用价值和社会功能也要在这种市场交换中才得以实现。所以,新闻特殊的商品性并没有否定或取消它同其他商品之间的共性。问题在于我们在肯定这种共性的同时,要正视新闻特殊的商品性,并且采取相应的方针和对策。我们在尊重市场规律的同时,又要根据新闻的特点,进行必要的调控和指导,使之真正有利于社会主义事业的发展。首先,就需求方面来说,我们不能像对待物质商品那样,完全随行就市,消费者要什么,就供应什么。我们要重视新闻市场的呼唤,多方面满足受众的信息需求,但信息需求有主次之分、轻重之别、层次和品位之差异。在新闻传播的内容、方式、时宜等方面必然要根据党、国家和人民的利益有所选择和把握。其次,就传播方面来说,新闻媒体还负有结合信息传播进行宣传教育的任务,既要用新闻产品供应市场、服务受众,又要用新闻产品启迪民智、引导舆论,帮助受众全面地认识现实,正确地安排行动。总之,我们要在新闻商品的交换过程中,既实现对新闻信息的传播,又实现对思想意识的宣传,这才是对新闻商品属性的全面把握。

三、中西方制度差异对新闻商品性的影响

新闻的商品性在现实中还受到客观政治体制等的约束。所以,新闻的商品性在资本主义国家和社会主义国家的表现会有不同。

在资本主义国家,新闻媒体以盈利为目的,新闻传播工具在贯彻资产阶级宣传意图的前提下,以创新内容等形式尽力满足受众需要,因而,资本主义国家的新闻是一种特殊的商品,只不过它的盈利模式如之前所说,是把受众卖给广告商。当然,在特殊的社会发展背景下,资本主义国家也有公益性新闻传播机构,不以盈利为目的,但这并不影响资本主义国家新闻机构和新闻产品的本质属性。

而在社会主义国家，以我国为例，新闻机构是以为人民服务、为社会主义服务为宗旨的。新闻不是商品，但在新闻流通过程中又具有商品的某些属性。

总之，对新闻商品性的争论促进了中国新闻界对新闻商品属性的认识，对推动新闻媒体市场化运作发挥了解放思想的作用。

第三节　新闻商品性存在的问题与困境

一、虚假新闻

新闻商品性以及媒体商业性带来的一个重要负面影响就是大量虚假新闻的出现。虚假新闻，是指新闻生产者为了不正当目的而有意炮制出来的各类“新闻”，包括抄袭、造假等各种形态。随着广播电视媒体的出现，特别是新媒体的崛起，新闻造假出现了便捷化和普遍化的趋势，下面我们将对其进行分类概括。

第一类造假方式是“捏造”与“掺假”。曾为获奖新闻的《钱被风刮跑以后》就是一则捏造的假新闻。《钱被风刮跑以后》属于“社会新闻”，讲述了“农民老大爷”被人撞倒后钱被风刮跑，路人帮其捡起，“不少反而多了五块钱”，情节描述细致，故事性强，属于弘扬好人好事的主旋律题材，所以获奖也是情理之中。但是这篇报道在内容上根据新闻要素进行分析，其中的人物、时间、地点、起因等皆语焉不详，除了人物“我”作为目击者，剩下的只有“农民老大爷”，关键点都无从查证。1984 年被证实是“假新闻”。

此外，掺假类新闻也有很多，比如大学生举报某报纸造假即是如此。2010 年谷歌退出中国，该报纸为此刊登了一篇报道，其中援引大学生杨某的话，即他担心给生活带来影响，比如 e-mail 不能用了。刊登后，杨某认为记者并未正式采访他，其报道也存在问题。总之，这种恶意强加观点和虚构与路人的对话等行为就是新闻掺假的典型做法，有捏造新闻之嫌，应该受到批判和摒弃。

第二类造假方式是剽窃与篡改。例如某报记者在 2012 年伦敦奥运会期间的多篇报道，就把时任伦敦市长鲍里斯·约翰逊在《每日电讯报》上的专栏文章翻译后改头换面为“独家专访”,这属于剽窃行为;再比如某获奖摄影新闻作品则是篡改类新闻的代表。

某报纸摄影部副主任在2006年发表了一张新闻图片,集中了环保元素和主旋律,此后声名大噪。该图片成为某自然保护区的宣传画和明信片素材。可是在一年多以后,在某摄影网上,一个帖子出现,举报该报纸摄影部副主任造假,后经确认,此图片确实是用软件修改和合成的。

第三类造假方式是导演和隐瞒。例如针对特大地震,很多新闻工作者均奔赴灾区采访报道,但是不久后报道由地震转向了针对救援工作的大量正面报道,而负面报道消息则很少涉及。此举有悖于新闻媒体的职业操守,有“悲剧喜剧化”之嫌。

虚假新闻在具体表现上分为故意失实和过失失实两种情况。故意失实是指明知新闻作品不真实而予以发表,或明知其新闻报道的某种做法可能会导致作品不真实却故意为之,从而导致失实。前者可称为直接故意失实,后者可称为间接故意失实。过失失实是指依新闻工作者的职业素养和能力,应该预见到自己的行为将会导致新闻失实,却因为疏忽大意没有预见,或者预见到可能会失实,却不去避免。因过失失实产生的虚假新闻在主观恶意上,显然要比故意失实为轻,但其造成的危害却不一定比故意失实小。

在虚假新闻具体表现的程度上,有基本失实和细节失实的差异。基本失实是指新闻作品的主要内容或基本事实失实。这种失实所导致的法律责任是显而易见的。细节失实是指新闻作品的基本事实是真实的,但细节不真实,尚不足以引起受众对新闻作品主题的误解,不会影响受众对事件本身是非好恶的判断评价。不管虚假新闻是以何种失实形式出现,也不管其失实的程度如何,其撰写者及其所属机构侵权的法律责任是无法逃避的。

从新闻受众和新闻媒体的关系看,两者之间存在着一种契约关系。受众通过付费订购报刊或通过付费收看电视节目获取新闻信息,实际上买卖双方彼此都在履行一份合同。在这份合同中,标的物为新闻信息,质量要求表现为真实性,价款则是报价或收视费。如果新闻媒体提供给受众的是虚假新闻,则违反了双方就质量问题所作出的约定,新闻媒体构成侵权。

二、软文盛行

一直以来,“软文”一词都很难界定。有学者认为,顾名思义,软文是相对于硬广告而言的,是由企业的市场策划人员,或广告、公关公司的文案撰写人员,或替企业“操刀”的媒体记者负责撰写的“文学广告”。也有学者认为,软文是指企业通过策划,在报纸、杂志或网络等媒体上刊登的可以提升企业品牌形象和知名度,促进企业营销的一系列宣传性、阐释性文章,包括特定的新闻报道、深度文章、付费短文广告、案例分析等。软文也因此被称为“广告文学”。

在我国,记者写软文的现象经常被称为“有偿新闻”。我国有很多条文、规定来约束这种行为。比如,1985 年发布的《国务院办公厅关于加强广告宣传管理的通知》指出:有的新闻单位或记者以发布新闻为名刊登所谓“新闻广告”,从中捞取好处,损害社会主义新闻事业的声誉。严禁新闻记者借采访名义招揽广告,严禁利用发布新闻的形式刊播广告,收取费用。2012 年发布的《关于开展“打击新闻敲诈、治理有偿新闻”专项行动的通知》,明令禁止的不良现象,就包括收“红包”、搞有偿新闻以及敲诈勒索等。

三、西方新闻商品性的负面影响

(一)西方政治问题的媒体化

西方政治领域本身具有戏剧性的事件层出不穷,契合了媒体对于新奇性的价值追求。哈林和季特林研究了海湾战争当中西方媒体的政治报道,发现“这场战争被看成是一出政治剧”。对于美国人来说,战争是“一个关于美国力量的故事:美国领导人的坚定、美国技术的先进、美国士兵的勇敢和机智”。这一戏剧性的故事使得公众的政治聚焦从争论变为一致,从抗议变为团结在军队身后。政治竞选、腐败、丑闻、私生活等内容经媒体报道后所带来的戏剧性效果是不言而喻的。如政治竞选,媒体往往过分注重把其当作“赛马比赛”,而不关注竞选双方的议题,媒体“希望输送这样一种感受:哪位候选人从起跑处领先,哪位候选人在弯道处领先,哪位候选人最后在向终点冲刺”,给受众造成竞选的戏剧性色彩。特别是一些政治丑闻,政治家的强烈反应更增加了政治的戏剧性色彩,如政客性丑闻造成的传播效果。

(二)逐利性导致的责任缺失

在资本主义国家建立以后,西方媒体锋芒毕露的论战本色和为“美好社会”孜孜奋斗的精神倒在了利润的脉脉温床上——以追求利润为第一目的。作为西方社会第四权力的媒体,曾为资产阶级在西方社会的胜利立下了汗马功劳,但在资本主义国家建立后,媒体价值取向开始转向。它从为公共利益而论战的价值理性立场转向了以逐利为首要目的的工具理性立场。

从 20 世纪 80 年代开始,新自由主义思潮渗透到美国广播电视领域,政府逐步放松对该领域的管制,在此思潮以及技术的推动下,《1996 年电信法案》(*Telecommunications Act of 1996*)顺利颁布。该法案颁布后,美国广播电视和通信产业全面解禁,无论是从执照的颁发,还是从广播电视产业的结构规制来看都是如此。

之后,“公共利益至上”的规制原则被“商业利益优先”所取代,政府对广播电视的管制大体上被扫除了。在此规制模式下,专业主义文化、社会责任意识、公共服务观念都在衰退之中,商业逻辑几乎不受挑战地统治了美国广播电视业。到 20 世纪 90 年代中后期,公众对美国新闻业失去信心的状况就显而易见了。广播电视机构的执照持有者为了利润缩减人员、降低标准,或是歪曲新闻事实以满足观众和读者低级的需求,是产生这种危机的重要原因。

第四节　媒体的社会责任

媒体的社会责任是指新闻媒体和新闻工作者在新闻活动中对社会安定、国家安全和公众心智健康所承担的法律、道德责任和社会义务。社会责任论者主张通过讨论来解决冲突,注重保护个人权利和重大的社会利益。在我国,伴随着媒体市场化程度的加深,一些问题显露出来:低俗之风滋长蔓延;有偿新闻时有出现;嫌贫爱富,忽视弱势群体的信息需求;不讲道德,媒体出现诚信危机等。因而,媒体的社会责任也越来越多地被人提及。

一、中西方视角下的社会责任理论

（一）西方的社会责任理论

在美国，社会责任理论的提出源于传媒产业的收购和兼并导致极少数人掌控着媒体，大多数人失去自由发表意见的渠道，以及在商业逻辑和市场规律的作用下，媒体出现浅薄化、低俗化、煽情化的趋向，严重地危害社会道德规范，背离公众利益。这引起了人们对自由主义理论及其媒介制度的强烈不满。1948 年，保罗·拉扎斯菲尔德在《大众传播的社会作用》一文中指出：大众媒介是一种为善服务的强大工具；而从总体上说，如果不加以控制，它为恶服务的可能性则更大。支持社会责任理论的学者主张对媒体进行制衡，加以控制，避免其“为恶服务”。

美国报业最初为政治偏见所左右，后来越来越注重经济利益。公众认为，在民主社会中，媒体被赋予极大的特权，然而它却不履行对社会的义务。1944—1947 年，以哈钦斯为首的“新闻自由委员会”（又称“哈钦斯委员会”）历时四载，起草了报告《一个自由而负责任的新闻界》。该报告的主要观点构成社会责任理论的核心内容。新闻自由委员会认为，除非新闻自由成为“一种具有责任的自由”，即对“良知和社会道德”负责，否则那种自由将是危险的。新闻媒体必须对它所服务的公众和社会负责。

（二）社会责任理论的中国内涵

我国媒体的社会责任的内涵包括以下方面：第一，新闻媒体要做好党和人民的喉舌，承担“上情下达”和“下情上达”的职责；第二，新闻报道要有利于公众，有利于社会，有利于国家；第三，新闻媒体独立于广告主、公众之外，不媚钱，不媚俗；第四，在报道新闻时，要对新闻做出真实的、不偏不倚的、全面的阐述，尊重新闻规律，“有不可以报道的真新闻，但不可以报道假新闻”；第五，凡是有悖于社会伦理、有害人们身心健康的内容一律拒之门外。

《2023 年度媒体社会责任报告》规定了我国媒体需要履行以下责任：政治责任、阵地建设责任、服务责任、人文关怀责任、文化责任、安全责任、道德责任、保障权益责任、合法经营责任。

媒体坚持社会责任理论,最根本的是当经济效益与社会效益,即个人、媒体私利与公共利益发生冲突时,要摒弃私利,将社会效益放在首位。具有社会责任感的媒体常常在不忽视经济效益的前提下,将社会效益最大化。

我国新闻机构的运行模式意味着其具有双重属性——意识形态属性和产业属性。在实际操作中,社会效益和经济效益时常发生矛盾,那么,社会效益和经济效益孰先孰后就成为新闻工作者时时面临的抉择。其实,这个问题的答案不言自明。新闻媒体应以社会效益为先,其经营活动要服务于这个目的。

二、媒体责任的发展与内涵转变

在现代社会,由于媒体影响力的日益凸显,其社会责任便成为一个越来越重要的课题。尽管现实的社会发展给新闻媒体带来了一系列的困窘与压力,但是,如果新闻媒体善于发现时代发展的特征,把握社会传播领域新的需求空间,便有可能转“危”为“机”。应该说,环境监视与议程设置是传统意义上新闻媒体的职业责任。在当前的社会,由于全民表达时代的到来和社会议题上“共景监狱”的形成,媒体履行其社会责任的内涵也在发生深刻的转变。

(一)从立足于信息的发布权到立足于信息的解释权

在今天,发布新闻已经不再是新闻工作者的“专利”了。有研究表明,现阶段有超过40%的新闻的首发者不是专业的新闻媒体和新闻工作者,而是作为普通公民的“博主”“播客”们。“公民新闻”还将进一步扩张自己的“领地”,将使专业新闻媒体在提供新闻领域的份额日渐收缩。一个不争的事实是,当新闻报道成为一种每个人都可以使用的“通用技能”时,新闻工作者必然在发现事实方面处于“劣势”——他们在接近事实的便捷性方面远远不及“无处不在”的普通公民。但是,非专业新闻工作者的一个普遍缺陷就是注重那些具有“表面显著性”特征的事实,而对于某些重要的,但不具备“表面显著性”特征的事实则弃之不顾,这便造成了新闻“还原”真相时的某种关键性缺失。在信息超载时代,人们未来为尽可能多地把握世界的丰富性，不得不以牺牲深度为代价，浅尝辄止、望文生义，“有主张、无论据”便成为大众信息消费当中的“常规性”认知现象。因此，补充人们不对称的社会认知，尤其是其中的关键性论据信息，便成为媒体的一种责任。“公民新闻”中呈现的信息通常是片段性的事实。这些事实彼此割裂独立，各个片段之间缺少一个有机的结构把它们缀接在一起，形成一种展现事实真相的客观逻辑。这一逻辑的给予，事实上就是对解释权的争夺。给人们一种观察社会的框架、把握事务的逻辑、判别是非的标准，这便是传播价值营造的“第二落点”，而这恰恰是“公民新闻”运动背景下媒体的关键性责任。

（二）从意见的表达者到意见的平衡者

媒体常常被赋予“代言者”的角色。在 Web 2.0 时代，媒体的“代言者”角色将逐渐弱化，而意见平衡者的角色将日渐凸显。当今社会是一个多元的社会，任何一个规模化的社会群体的利益和主张都不能被忽略，否则，社会必会为此付出沉重的代价。因此，新闻媒体和新闻工作者作为传播领域的守望者，其重要的任务就是致力于各种社会利益、社会主张在一种相对的平衡当中获得自身的空间，只有这样，社会才能保持稳定。因此，媒体的专业责任就是实现社会表达的平衡、关系的平衡、设置情绪的平衡——“当社会笑的时候，不要让大家笑出狂妄；当社会哭的时候，不要让大家哭出沮丧”。

（三）从社会守望者到社会对话的组织者：传播领域“游戏规则”的改变

在“共景监狱”社会信息场域之下，新闻媒体的一个重要责任不是提供传统意义上的“保姆式”的信息服务，而是充分调动全体社会成员的力量和智慧，建立规则，让他们在传播领域享有更多的控制权，在独立自主的情况下实现社会的自我关照和自我治理。换言之，媒体要成为聚合各种社会资源的平台，实行更加开放的运作模式，其实质就是实现传播权利的让渡。这种权利的让渡主要体现在以下三个方面。

1. 选择权

给人们更多的选择空间,事实上会反过来提升媒体价值实现的可能性,并提高资源整合的可能性。

2. 参与权

让人们在传播平台上有更多表达的机会,如果各种社会利益群体能够通过平台畅达地表达不同主张、不同情绪,媒体在社会生活当中的作用和意义将会显著提升,并且能够吸引更多的社会和商业资源助力媒体自身发展。

3. 媒介接近权

把媒体部分的评价权、决策权、表达权交给社会,交给受众,交给服务方,交给用户。显然,社会的有机化强化了人们对于资讯的质量需求。身处全球化大格局中的人们对于信息的需求在层次性上更加丰富且深刻。承受信息超载压力焦灼中的人们需要简约精要的信息产品以使他们对于外部世界的把握更加经济节省、更加富于效率。事实上,在人们自主意识大大增强的同时,也期待着秩序和引导,期待着“减负”和明快。简约成为一种价值,规则成为改革的关键。

三、媒体社会责任的承担与应有之义

在我国,媒体社会责任出现偏差主要集中于导向问题,即是否通过媒体平台正确引导公众,尤其是在传统媒体向新媒体转型期间。导向责任的偏差主要可以分为以下三种:①不导向,即媒体淡化自身责任,在重大舆情事件中“守望缺失”,不作为;②错误导向,是指媒体有意为之,出于经济利益等私人考量造成一系列失范行为,使舆论走向发生偏差,这是媒体良知的缺失;③导向有别,即媒体借助自身权力,通过寻租等方式导致责任异化,这可以归因于对“新闻商品性”的过分追逐。在如今的移动互联网时代,几乎人人都有媒体账号,人人都是信息发布者,这是新时期信息传播面临的新课题。在这种情况下,无论是传统媒体,还是自媒体,都应保持自律,在信息生产和发布中自觉确立底线意识、承担社会责任,这样才能建立起良性发展的媒介生态。

（一）钳住"排污管道"，触痛"踩线"用户

为了维护公众长远的利益，监管部门对那些恶意传谣、价值观扭曲的账号，要果断关停，钳住有害信息的"排污管道"，并设置"高压线"，"触痛"有意或无意"踩线"的用户，引导他们走"正道"。同时敞开便捷的公众监督渠道，比如通过微博、微信等，公众能一键@到监管部门。通过利用公众力量，撒开对"排污"行为监管的天网。举报一经查实，给予违规者重罚，并给予监督者奖赏。激励措施能调动更多社会力量参与进来，如此形成一种良性循环，使社会责任成为一种普遍性法则。

（二）构建引导机制，倡导用户自律

新闻工作者的素养，直接关系所传播信息的质量。在移动互联网时代，人人都可作为信息的发布者。这种情况下，平台的引导非常重要。引导好了，很多基本问题就被化解在了萌芽状态。这一环节虽然简单，却异常重要和必要。

因此每个平台都应树立责任意识，建立用户引导机制，对每一个新进的用户，都尽到告知、提醒的责任，让用户在开始发言前就充分了解规则和奖惩机制，从而约束自己，承担起基本的社会责任。

（三）提升"信息素养"，增强辨识能力

若用户自身能够分辨信息真假，就能避免负面或不实信息带来的影响，信息过载带来的不良影响也会大大减小。因此通过教育引导，不断提高公众的信息辨识能力，也是减少不实信息危害的重要办法。目前警方、主流媒体等已有引导公众识别信息真假、提升防骗能力的渠道，不过面对海量的信息和数以亿计的用户，这些帮助渠道还远远不够，引导方式方法也有待优化。

（四）优化评价机制，让"厚道"作品"出位"

一般来说，在媒体发展中商品性占主导地位，但不能为了竞争而一味求"创新"，应多从用户角度考虑，提供负责任的、高质量的信息，同时避免同质化和简单重复，更要避免用低劣的营销信息困扰用户。媒体产品要去除华而不实的功能。媒体与用户沟通、互动要讲方式、方法，控制频率，不做道德

绑架,给用户选择的自由和空间。同时要重视评价标准,优化算法和推荐机制。

(五)扶持主流媒体重树影响,发挥引领作用

在信息过载时代,“杂音”和“噪声”容易冲淡“正能量”和“好声音”,从而对社会发展形成不利影响。在这种情况下,主流媒体要分情况发挥作用、主动作为。近年来主流媒体在互联网冲击下经历了转型阵痛,但在艰难的融合发展中仍坚守舆论阵地,对社会舆情起着稳定器作用。对于处在转型期的主流媒体而言,政府和社会应主动帮它们渡过难关,可以通过对“商品性”的倾斜助其重树权威性和影响力,让它们在新时期再起灯塔和航标作用;对于新媒体,则应规范其行为,从而引领社会健康发展。

第六章

专题四：媒介化治理与规范

规范信息传播行为有两条途径:一条是伦理道德的自律性约束,另一条是法规法律的强制性约束。在本章,笔者结合法学视角,讨论新闻传播法的概念、渊源和约束对象。

第一节　新闻传播法基本知识

一、法的含义与特征

在古代汉语中“法”又写作“灋”。汉代许慎在《说文解字》中说:“灋,刑也。平之如水,从水。廌所以触不直者,去之,从去。”[①]从词源上看,“法”的“氵”偏旁暗示着执法需要公平如水。而“廌”是传说判案的神兽,代表着古代神明的裁判,它会去触碰不正直的人,使他们离去,所以“廌”字下边有一个“去”字。在古代中国,“法”往往与“刑”和“律”通用。“刑”有规范和刑罚两层含义,“律”从音律引申为规则、有序。综上所述,古代汉语中“法”的主要意义大概可以理解为以下几类。

首先,从法与刑的渊源来看,法通刑,其以刑为后盾,规定人们应当做出某种行为,并禁止人们做出某种行为。这也意味着法是惩罚性的,若违反,就要受到处罚。

其次,从法的字形来看,法象征着公正、公平,是一种规范、规则、秩序。法蕴含着对公平、正义的价值追求,是审理案件的标准和基础[②]。在现代社会,法的含义被特定化和标准化。法是由国家制定或认可,以规范人们的权利和义务为目的,并由国家强制力保障实施的社会规范或行为规范[③]。

那么法作为一种规范,存在着怎样的区别于其他规范所特有的标志和表现呢?人的行为准则、规范可以大致分为两类:一类是社会规范,调整的是人与人之间的关系;另一类是技术规范,调整的是人与自然之间的关系。随着技术规则的社会化和社会管理的技术化,又产生了所谓的社会技术规

① 许慎.说文解字[M].上海:中华书局,1963:202.
② 徐永康.法理学导论[M].北京:北京大学出版社,2006:1-2.
③ 陈光中,陈桂明.法学概论[M].北京:中国政法大学出版社,2016:1.

范。国内学者普遍认可法律规范是社会规范的一种。对此赵雪纲的解释是:法律规范所调整的是人与人之间的关系,但是也有相当一部分内容属于社会技术规范的范畴,比如人与自然之间关系的内容,但是这些并没有超出法律规范属于社会规范这一范畴,只是由于这些行为可能涉及人的利益、社会的利益,所以才得到了法律的调整①。作为一种社会规范,法不同于其他社会规范,如道德规范、宗教规范,有其独特之处。通过对一些学者意见的总结归纳,我们可以得出法的几个基本特征。

1. 法是调整行为的规范

法与其他社会规范的区别在于它是一种行为规范。法为人们提供标准,它不涉及人的内在思想和情感领域。法规定了人们的一般行为模式和违反所要承担的后果,通过告知人们可以做什么(可为),禁止做什么(勿为),必须做什么(应为),以此来为人们的行为进行规范和指引。需要注意的是,法虽然不针对思想,但法官也会根据行为人的行为来考察并推定其行为所具有的某种特定心理状态,例如刑法中的故意与过失②。

2. 法由国家创制

法与其他社会规范的区别在于它是由国家创制的,而非社会孕育的公序良俗。国家创制有国家认可和国家制定两种方式。拥有立法权的国家机关通过立法活动创制规范即为国家制定。通过这种方式产生的法一般以一定的规范性文件表述出来,所以被称为制定法或者成文法。国家认可,通常是指拥有立法权的国家机关赋予已有的某种规范或者先前判决确认的某种规范法律效力。这类不经过通常的立法程序,而由国家承认其法律效力的法规一般被称为不成文法,例如习惯法、判例法。很多欧洲国家目前仍在沿用不成文法。

3. 法具有普遍约束力

法的普遍约束力很好理解,就是指法作为一般的社会规范在国家权力

---

① 赵雪纲. 法理学[M]. 北京:中国政法大学出版社,2017:12.

② 周旺生. 法理学[M]. 北京:北京大学出版社,2006:42.

的管辖范围内具有普遍适用的效力和特性。首先,这里的普遍约束力是指使用对象具有普遍性。法所针对的不是某个人、某件事,而是针对一类人、一类事设立的。例如,“王子犯法,与庶民同罪”,就是说对任何身份的人而言,法的适用性都存在。其次,从空间上看,法作为一个整体在本国主权范围内具有普遍约束力,从时间上看,只要没有失效,就可以在法的生效期限内对其针对的对象重复适用。

4.法规定着权利和义务

在法律上,义务与权利对应,有权利即有义务,有义务即有权利。法律上的权利是指由国家通过法律加以许可的自由意志支配的行为规范。法律上的义务是指国家通过法律规定,对法律主体的行为的一种约束手段,是法律规定人们应当做出和不得做出某种行为的界限①。权利的主体是法律关系主体或享有权利人。权利的内容一般是指法律关系主体可以这样做出行为或不这样做出行为,或者要求其他人这样做出行为或不这样做出行为。像权利一样,义务的主体是法律关系主体或承担义务人②。现代法律通过规定各法律主体的权利与义务来影响人们的行为动机,规范人们的行为,进而达到调整各种社会关系、建构社会生活秩序的目的。

5.法由国家强制力保证实施

法与其他规范的区别在于它是由以监狱、警察以及军队等作为后盾的国家强制力来保证实施的,而不是依靠一般的社会强制力。其他的社会规范具有一定的社会强制性,但不一定能够依靠国家强制力保证实施,例如,中国社会中的尊老爱幼、长幼有序等道德规范与公序良俗都是依靠人们的良心和自觉来共同维护的。

二、法系

法系又称“法律家族”,是指具有共同历史传统和外部形势特征的若干地区的法律的总称,是一种超越若干国家和地区的法律现象的总称。法系

① 赵雪纲.法理学[M].北京:中国政法大学出版社,2017:13.

② 沈宗灵.权利、义务、权力[J].法学研究,1998(3):3-11.

是在对世界各国法律进行分类时经常使用的一个概念,它不同于法的体系,也不同于法的历史类型。按照法国学者达维德的分类标准,当代世界的法系主要分为四类:①大陆法系;②英美法系;③社会主义法系;④其他法系,包括伊斯兰法系、印度法系、非洲法系等[①]。目前世界上最主要的、影响力最大的两大法系是大陆法系和英美法系。这两大法系在概念、适用范围、分类等方面存在明显差异,下面主要介绍这两大法系。

(一)大陆法系

大陆法系是最初产生于欧洲大陆,以古代罗马法为基础,以民法为典型,以成文法典为主要形式发展起来的世界各国和地区的法的总称,又被称作罗马法系、民法法系、法典法系或成文法系。在发展过程中,受到了中世纪日耳曼法的影响。法国和德国是大陆法系的两个代表性国家。法国于1804年颁布《法国民法典》,这是第一部资本主义国家的民法典,强调个人权利,反映了自由资本主义时期社会经济的特点。德国于1900年开始施行的《德国民法典》,是继《法国民法典》之后,大陆法系国家第二部重要的民法典,在内容上一定程度适应了垄断资本主义时期国家的需要[②]。

综合前面所述,古罗马法、《法国民法典》、《德国民法典》是大陆法系的三大重要渊源。除法国和德国外,意大利、比利时、西班牙等欧洲大陆国家也属于大陆法系国家;曾作为法国、西班牙、荷兰、葡萄牙等国殖民地的国家和地区,明治维新后的日本,以及泰国、土耳其等国,亦属于大陆法系国家。总体来说,目前欧洲大陆和亚洲的许多国家的法都属于大陆法系。

在法的分类方面,大陆法系承袭罗马法传统,把法分为公法和私法。公法一般调整的是公民与公共权力之间的关系,如宪法、行政法、刑法和刑事诉讼法等;私法一般调整的是公民之间的权利和义务关系,如民法、商法和民事诉讼法等。

大陆法系的主要特点有六个。①立法与司法严格区分,重视立法,立法机构具有绝对权威,司法机构必须围绕立法机构制定的法律文字进行判决。

---

① 周萍,蒙柳.法理学[M].武汉:武汉大学出版社,2016:142.

② 陈卫佐.法国民法典的影响:与德国民法典的比较[J].清华法学,2006(2):134-146.

②注重逻辑概念,强调制定完整、清晰、逻辑严密的成文法典。③法律规范本身概括、抽象,法院在司法过程中必须要呈现“解释说明”的过程。④在法律部门的划分上明确统一,划分了宪法、行政法、刑法、诉讼法、民商法、劳动法、国家法等法律部门。⑤法官审理案件主要进行演绎推理,遵循从抽象、一般到具体、个别的推理模式,即以规则和原则的一般规定结合当前案件中的事实,进行案件的判决。也就是说,法律是法官裁决的工具,法官没有创制、曲解法律的权利。⑥采取纠问或审问式诉讼,以法官为重心,法官主动询问当事人,在诉讼中占主导地位。

(二)英美法系

英美法系是以英国中世纪的普通法为历史渊源,以美国法为重要组成部分发展起来的世界各国和地区的法的总称,又被称为英国法系、普通法系。英美法系国家主要是以英语作为官方语言的国家,除英国和美国外,曾经属于英国的殖民地、附属国,如印度、巴基斯坦、缅甸、马来西亚、新加坡、澳大利亚、新西兰等国家都属于英美法系国家。英美法系是除大陆法系之外应用地域最广的法系。

英美法系有三个渊源,即普通法、衡平法、制定法[①]。这里的普通法不是在法的分类中和根本法相对应的“普通”,而是指从11世纪诺曼底人入侵英国后所逐渐形成的普通法。在11世纪以前,英国通行日耳曼法,罗马法和教会法也有一定影响力。1066年法国诺曼底公爵控制英国,为了加强王权,王室派遣官员到各地巡回审理案件,并在全国各地建立了王室法院(后称普通法院)。由于诺曼底人以前没有自己的法律,因此在这些判决的基础上逐步形成了一套判例法[②]。根据判例法,包含在某一判决书中的法的原则不仅可以适用于该案件,而且还作为一种先例,可以成为以后法院办理同类型案件所必须遵循的准则。上级法院,尤其是最高法院的判决对下级法院具有约束力。随着王室法院的管辖范围和影响力的扩大,王室法院的判例法就统称为全国通用的普通法。衡平法,从字面意义上理解是公平的法,

① 周旺生.法理学[M].北京:北京大学出版社,2006:113-114.

② 徐永康.法理学导论[M].北京:北京大学出版社,2006:60.

在15、16世纪出现。当时由于资本主义经济的萌芽和发展,很多案件在新时期没有先例可以遵循,而遵循普通法的王室法院已不能处理这些案件。为保证公平,这些案件会由王室顾问、大法官根据公平原则加以处理。大法官们通过判决发展出了一套复杂规则,这些规则逐渐形成了一种与普通法并行的衡平法,并产生了衡平法院。到1873年和1875年,随着两部司法法的颁布,普通法院和衡平法院合并,同一法院可以同时使用普通法和衡平法[①]。

在19世纪以前,以普通法和衡平法为代表的判例法是英美法系的主要渊源。自19世纪以来,在英国,制定法,特别是国会立法大量增加,这在整个普通法法系中是一种普遍现象,因此制定法也是英美法系的一个渊源。

综上所述,我们可以总结出英美法系的主要特点。第一,判例法是非常重要的法律形式,"遵循前例"是一项重要的司法原则。虽然存在制定法,但是制定法一般受到判例法解释的制约。第二,令状和诉讼的形式受到重视,没有严格的部门法的概念。第三,法律部门缺乏统一的分类,特别是在民事法律方面,只有侵权行为法、契约法、租赁法、借贷法等一些零星的分类,没有可以被称为"民法"的单独的法律部门。第四,法官和律师在法律适用过程中非常重要,他们具有权威性。法官要考虑以前案件的判例,并且要从先前的判例中找到可以适用于当下案件的法律,也可以在判决过程中通过对法律的解释和推理创造出新的判例,因此兼具司法和立法两种能力。第五,英美法系国家往往采用对抗制诉讼,民事诉讼中由双方律师、刑事诉讼中由公诉人与被告的律师担当主要角色,双方展开辩论。法官处于中立的仲裁人地位,并不参与辩论。在一些重大案件的审理上,往往没有陪审团制度。

三、新闻传播法概述

新闻传播法有广义和狭义之分,这源于法的概念本身就有广义和狭义之分。广义的法是指由国家制定或认可,以规范人们的权利和义务为目的,并由国家强制力保障实施的社会规范或行为规范。所以这个意义上的新闻传播法是指我国法律体系中一切适用于新闻传播活动的规范,是法的规范体系中调

---

① 舒国滢.法理学阶梯[M].北京:清华大学出版社,2006:243.

整新闻传播活动和关系的各种规范的总称。狭义的法则专指具有立法权的国家机关按照法定程序制定的规范性法律文件。因此，这个意义上的新闻传播法是指由全国人民代表大会或其常务委员会制定的专门针对新闻传播活动的一部法律①。由于诸多因素影响，目前我国还没有一部专门规范新闻传播活动或新闻行业的狭义的法律，但是在我国社会主义法律体系中，有许多规范同新闻传播活动密切相关，所以我国新闻传播活动同样必须依法进行。虽然新闻传播法律体系尚不完全明确，但是我国新闻传播法的调整对象和新闻传播法的渊源都是明确的。

第二节 中外新闻传播法律法规发展现状

法的生命在于实施，法的权威也在于实施。新闻传播法的效力来源，是指国家机关制定并认可的具有不同法的效力和地位的新闻传播法的不同表现形式，它回答了新闻传播法如何形成、具有何种外部形式、具备何种程度的法律效力等问题。但正如前面所述，新闻传播法律法规体系的确立在国内还处于未竟之地，在依法治国的时代背景下，国内立法机构和学者正在研究新闻传播立法，新闻传播活动也要走向法治轨道。否则，底线不清、边界不明，媒体不好把握。属于公共新闻传播范畴的，包括互联网、新闻服务等，也应顺理成章地被纳入新闻传播法管理范围中。关于中西方当前的新闻传播法律法规体系，不乏赞扬与批评，以下将分别展开阐述。

一、国内新闻传播法律法规发展现状

对于新闻传播领域立法，国内目前并未就此达成共识。支持者认为，公民的权利与义务是宪法的核心内容，但如何通过法律保障《中华人民共和国宪法》第三十五条中的公民言论、出版自由，在我国的立法体系中，目前还是一项亟待完成的任务。新闻传播领域作为一项重要的关系公共利益的领域，理应被纳入法治的轨道。否则，在新闻传播领域难以落实宪法的原则与精神，公民的言论出版自由与媒体的表达自由也就很难得到法律保障。反

① 魏永征.新闻传播法教程[M].5版.北京:中国人民大学出版社,2016:2.

对者则认为,我国新闻传播领域缺乏的不是相关的法律法规,而是执行这些法律法规的效力。例如,《出版管理条例》《广播电视管理条例》等行政法规,再加上与《中华人民共和国民法典》《中华人民共和国民事诉讼法》《中华人民共和国刑法》《中华人民共和国刑事诉讼法》以及《中华人民共和国侵权责任法》等法律的联动,完全可以使新闻传播领域的活动做到有法可依,再制定新闻法或新闻传播法,实属多余。

虽然没有成体系的新闻传播法律法规,但我国新闻传播事业发展并不是不受约束,而是遵循了包括宪法等在内的众多法律法规的规定。具体而言,我国现阶段新闻传播法的渊源有宪法、法律、行政法规、行政规章等和其他。

(一)宪法

宪法是我国的根本大法,拥有最高法律效力,现行宪法为 1982 年宪法,并历经 1988 年、1993 年、1999 年、2004 年、2018 年五次修正。宪法是新闻传播法最重要的渊源所在。一方面,宪法规定了我国的根本制度和公民的基本权利与义务等,新闻传播活动必须以宪法为根本的活动准则,不得违背宪法精神。另一方面,宪法中一些条款直接指导和约束新闻传播活动,与新闻传播活动相关的条文主要有以下四条。

第二十二条规定:“国家发展为人民服务、为社会主义服务的文学艺术事业、新闻广播电视事业、出版发行事业、图书馆博物馆文化馆和其他文化事业,开展群众性的文化活动。”第三十五条规定:“中华人民共和国公民有言论、出版、集会、结社、游行、示威的自由。”第四十一条规定:“中华人民共和国公民对于任何国家机关和国家工作人员,有提出批评和建议的权利;对于任何国家机关和国家工作人员的违法失职行为,有向有关国家机关提出申诉、控告或者检举的权利,但是不得捏造或者歪曲事实进行诬告陷害。”第四十七条规定:“中华人民共和国公民有进行科学研究、文学艺术创作和其他文化活动的自由。国家对于从事教育、科学、技术、文学、艺术和其他文化事业的公民的有益于人民的创造性工作,给以鼓励和帮助。”

(二)法律

法律是由全国人民代表大会及其常务委员会制定、修改的规范性文件。

法律效力仅次于宪法,可以分为基本法律和一般法律。其中由全国人民代表大会制定、修改的法律称为基本法律,如民法、刑法、行政法等。基本法律中与新闻传播活动紧密联系的,主要有《中华人民共和国民法典》对公民知识产权、肖像权、名誉权等权利的规定,《中华人民共和国刑法》对侵犯知识产权罪,侵犯公民人身权利、民主权利罪,侵犯著作权罪,泄露国家秘密罪的规定等。而由全国人民代表大会常务委员会制定、修改的法律称为一般法律。一般法律中与新闻传播活动紧密联系的,主要有《中华人民共和国广告法》《中华人民共和国电影产业促进法》。

(三)行政法规

行政法规是国家最高行政机关国务院根据宪法和法律所制定的关于国家行政管理活动的规范性文件,其效力次于宪法和法律。行政法规作为新闻传播法的渊源,主要有三方面内容。①直接管理新闻媒介的行政法规,如《广播电视管理条例》《互联网信息服务管理办法》《印刷业管理条例》《出版管理条例》《电影管理条例》等。②直接管理新闻活动的行政法规,如《中华人民共和国外国常驻新闻机构和外国记者采访条例》等。③其他涉及传播内容的法律法规,如对图书、报刊、广告、电影电视画面中插附地图进行规定的《地图管理条例》。此外,还有地方性法规、民族自治法规。地方性法规是省、自治区、直辖市的人民代表大会及其常务委员会根据本行政区域的具体情况和实际需要制定的规范性文件。民族自治法规是民族自治地方的人民代表大会及其常务委员会结合当地民族的政治、经济和文化的特点,制定的本地区规范性文件①。地方性法规和民族自治法规在指引和约束新闻传播活动时,要坚持两条基本原则:一是不得与宪法、法律、行政法规相违背;二是体现地方特色。

(四)行政规章

行政规章是行政机关制定的关于行政管理的规范性文件的总称,分为部门规章和地方政府规章。部门规章是国务院各部、委员会、中国人民

---

① 郦长策.法理学[M].广州:华南理工大学出版社,2006:78.

银行、审计署和具有行政管理职能的直属机构，在本部门权限范围内制定的规范性文件。目前，隶属于国务院制定新闻传播行政规章的主要机构是国家广播电视总局①和国务院新闻办公室。部门规章的特点在于以下两方面。一方面在宪法、法律和行政法规的基础上，部门规章对报刊、广播、电视、网络等媒介和新闻传播主体及其新闻传播活动进行了更加细致的分类，相关条例更加具体化，可操作性更强，如原国家广播电影电视总局出台了专门针对广播电视广告的《广播电视广告播出管理办法》。另一方面，部门规章对于法律尚未涉及的新闻传播活动进行了补充，如原国家新闻出版总署出台了专门针对进口音像制品的《音像制品进口管理办法》、专门针对电子出版物的《电子出版物出版管理规定》，原国家广播电影电视总局出台了《互联网等信息网络传播视听节目管理办法》。地方政府规章则是指省、自治区、直辖市和设区的市、自治州的人民政府制定的规范性文件。以湖北省为例，出台的地方规章包括《湖北省出版物市场管理与服务办法》《湖北省新闻出版广电公共信用信息管理办法》。

（五）其他

除上述提及的法律文件外，特别行政区基本法和有关规范性文件，以及我国同外国缔结的国际条约等规范性法律文件也是我国新闻传播法的渊源。

国际条例属于国际法范畴，其对缔结或加入条约的国家具有约束力。因此，我国同外国缔结或参加的国际条约中与新闻传播活动相关的内容也是我国新闻传播法的渊源。例如，我国需要遵守 1992 年由全国人民代表大会常务委员会通过并加入的《伯尔尼保护文学和艺术作品公约》。1997 年签署的《经济、社会及文化权利国际公约》，其中涉及社会及文化权利等方面的规定与新闻传播活动密切相关，例如第十五条就规定“本公约缔约各国承认人人有权参加文化生活”。

新闻传播法作为法律体系的组成部分，也符合一般法律的基本特征：

① 2018 年 3 月，根据国务院机构改革方案，在国家新闻出版广电总局广播电视管理职责的基础上组建国家广播电视总局，不再保留国家新闻出版广电总局。

提供行为规范、由国家创制、具有普遍约束力、规定权利和义务、由国家强制力保证实施。新闻传播法也有狭义和广义之分。狭义的新闻传播法是指由全国人民代表大会或其常务委员会制定的专门针对新闻传播活动的一部法律。从这个角度而言,我国还没有新闻传播法。广义的新闻传播法是指我国法律体系中一切适用于新闻传播活动的规范,即笔者在本书中探讨的内容。

二、国外新闻传播法律法规发展现状

世界各国新闻传播法形式差别较大,行业管理较为复杂。有些国家有专门的新闻传播法,例如法国、意大利、俄罗斯、德国。但是,这些国家的新闻传播法实际上只表现在名称上,通常被称为 Press Law 或者 Mass Media Law,而实际上并未完全涉指该国新闻传播业的所有方面。法国、意大利和俄罗斯的新闻传播法实质上可以被称为出版法,主要是针对纸质媒体的法律;德国并无全国性的新闻传播法,有的只是各州自身的新闻传播法,而且也以针对新闻出版业为主;至于英国、美国、加拿大、日本、澳大利亚等国,则没有专门的新闻传播法。此外,新闻传播业还需要遵循宪法、民法、刑法以及其他一些专门性法律的规定。

从最初的纸质出版发展至当今的大众传媒,新闻传播形式相异而互相融合。当今发达国家在新闻传播法制领域,既重视对新闻传播业不同领域分别立法,也重视新闻传播业整体的发展,并表现出两个明显的趋势。第一,由于广播电视业与电子网络的发展及其对人们日常生活的嵌入,相应法律法规不断涌现并持续翻新。第二,随着信息技术的进步,涵盖电信、广播电视、网络在内的全方位信息传播法规成为各国研究制定的重点。

世界各国的新闻传播法制框架也不尽相同。目前本国法属于大陆法系的国家包括俄罗斯、德国、法国、意大利、乌克兰、白俄罗斯、西班牙、冰岛、葡萄牙、波兰、保加利亚、希腊、罗马尼亚、丹麦、瑞士、挪威、瑞典、芬兰、荷兰、比利时、北马其顿、阿尔巴尼亚、拉脱维亚、立陶宛、爱沙尼亚、黑山、斯洛文尼亚、克罗地亚、塞尔维亚、波黑、捷克、匈牙利、斯洛伐克、摩尔多瓦、奥地利、列支敦士登、卢森堡、摩纳哥、马耳他、圣马力诺、梵蒂冈等。梳理这些国家立法的历史,可以发现这些国家几乎都针对新闻传播领域制定了相关法律。有的国家针对所有媒体类型(包括互联网)立法,如奥地利颁布了媒体法。有的国家以宪法为框架,旨在落实宪法所保障的媒体言论自由,如:葡萄牙、西班牙在民主转型前后颁布的新闻法、出版法,至今经过数次修改仍然有效;波兰在1984年制定的新闻法,至今仍在使用。当然,上面所列举的这些国家,除制定针对整体媒体领域的法律以外,也制定了针对新闻传播某一领域的法律,例如葡萄牙、西班牙等多数国家,制定了广播电视法,或者针对广播业与电视业分别立法。英美法系国家,没有成文的新闻法,审理有关新闻传播的案件往往是以最高法院的判例为标准。而大陆法系国家,则会依照成文的新闻传播法审理案件。

除了法系上的区别,各国之间的新闻传播法还有细致的差异。当然,各国相似之处也很多,比如不少国家都制定了隐私保护法、信息公开与保密法、未成年人保护法等。

为了顺应信息全球化、经济一体化浪潮,西方主要国家相继制定或修改了一系列相关法规,建立了本国信息公开与保密制度,加强了数据管理与隐私保护,严格规定新闻传播内容或其节目分级标准,注重新闻自律规范。在放宽管制与私营化趋势当中,各国先后从法制上确立了广播电视的公私营双轨体制(美国除外),在媒体所有权(包括跨媒体)以及市场划分等方面为私营广播电视公司的发展创造新的竞争合作环境,直接刺激了本国新闻传播业的长足发展。各国在新闻传播立法中也表现出相当大的差异性。

依据美国有关新闻传播领域的法律,如信息自由、名誉权与隐私权保护等对新闻媒体较为有利,只是在猥亵与暴力等内容规范上,现实与法律规制之间的矛盾仍然存在。在美国新闻传播法中极为重要,乃至对世界新闻传播业产生影响的是《1996年电信法案》。其出台与实施具有里程碑意义。该法案将此前放宽管制的政策及其结果以法律的形式加以巩固,从而彻底改变了美国原有广播电视业的整体框架,极大地推动了美国广播电视业的重组与发展,促成并巩固了美国在全球新闻传播业中的领先地位。

加拿大有关隐私保护的法律条文并不十分严格。在媒体内容方面,加拿大政府既需兼顾使用英、法两种语言的受众的需求,又需抵制相邻的美国新闻传播业的入侵。“加拿大内容”是加拿大广播电视节目恪守的标准。此外,加拿大政府针对美加两国之间的新闻传播业交往,制定了严格的贸易壁垒,竭力削弱美国新闻传播业对加拿大市场的影响,最大限度地保护本国利益。

英国近年来的传媒管理由多头分散开始转向统一监管,而且在新闻自律方面变得日益严格。在双轨体制法规中,英国政府一直注重公共广播电视集团(如 BBC)的优先主导地位。

法国新闻传播法在强调新闻自由的同时,对隐私权的保护力度明显强于英美等国。法国政府从 20 世纪 80 年代开始改变以往对于报刊、广播电视的二元政策,对前者由放任转向加强控制,对后者则由国家垄断转向公私兼营,鼓励私营广播电视业发展。法国政府坚守欧洲与本国文化传统,严格执行有关广播电视的“欧洲标准”。

德国在信息自由方面的立法稍晚于欧美其他国家,但是德国制定的堪称世界第一部“多媒体法”的《信息和通信服务规范法》与其新闻自律规范的完善,恰如其分地反映了德国社会发展的需求。就新闻传播整体法制管理框架而言,德国与其他国家明显不同,即各州各自进行针对新闻传播业的立法,除德国州际广播电视协议之外,并没有全国性的统一法规。在德国广播电视公私营双轨制的确立过程中,德国联邦最高法院的作用举足轻重。德国政府在保护欧洲与本国文化传统方面和法国政府类似,也在强化“欧洲内容”标准的实施。

意大利的新闻传播法制相对不成熟,尽管近年来不断更新,但基本上只是承认已有竞争的结果,而不能根本解决媒体之间的冲突,尤其对私营广播电视企业之间的畸形竞争与垄断无能为力。意大利的新闻传播法规体现了该国政治与媒体的高度融合,但使得新闻传播的多样性原则丧失了不少。

日本新闻传播法规包含着浓厚的东方集权主义传统,尽管建立了完善的信息公开制度,但政治比各项法规更具有潜在的主宰能力。日本是世界上最早确立广播电视双轨制的国家之一,日本的相关法规曾因传播技术的进步而频繁更新,但近年来变化不大,为传媒新技术的研发和普及提供了一个相对稳定的环境。

澳大利亚由于地理原因,新闻传播业受到外来影响相对较小,法制观念相对陈旧。比较明显的变化是,近年来澳大利亚对信息与隐私加大了法制保护力度,面对新兴的媒体经营与发展态势,澳大利亚有关法律法规主要还是为少数组织的利益服务,而且变化不大。

从新闻传播立法的内容来看,西方国家的新闻传播法制随着大众传媒的发展而不断变化。在时间维度上,在发展的初期阶段,对新闻传播业进行法制控制(或者政治控制)相对容易。20 世纪以来随着相关法律法规不断完善,新闻传播业逐渐走上了真正的法治道路。20 世纪 80 年代前后,与科技进步同频共振,西方新闻传播业发展的速度越来越快,针对可能出现的情景,内容也越来越详细和复杂。新闻传播业作为反映现代社会方方面面信息的行业,必然会与社会生活各个领域的法律法规产生勾连。

归纳总结与新闻传播业相关的法律法规的内容,主要包含以下两个方面。

1. 新闻媒体社会关系规范

新闻媒体社会关系规范有两个要点。

一是新闻自由及其权利与义务。新闻自由是新闻传播业的核心所在,是民主社会公民的基本权利之一,也是各国宪法或宪法性文件中明确规定的公民基本权利之一。《世界宪法全书》当中包含 111 个国家的宪法或宪法性文件,其中英国、新西兰、新加坡等 9 个国家的宪法或宪法性文件中没有关于新闻自由的规定,其他 102 个国家的宪法或宪法性文件的文字性表述虽然不同,但都明文规定了公民享有言论表达自由和新闻出版自由。虽然没有法律条文表述,但英国等 9 个国家在法律上也认可公民享有新闻出版自由。

二是新闻媒体传播的内容。绝对的新闻自由实际上是不存在的,新闻传播活动要受到法律的制约。具体而言,新闻传播活动涉及的法律内容主要包括新闻自由和政府信息公开与保密、数据保护与隐私保护、诽谤、未成年人保护、淫秽内容传播、本国传统文化保护等。

2.行业经营规范

由于涉及社会资源利用、市场划分以及行业运作,因此新闻传播业受到行业经营法规的制约。因此,就新闻传播业的发展势头而言,西方国家关注的是有关广播电视(包括有线电视、卫星数字电视等)法律法规的制定与实施。相关企业与人员除需遵守本行业相关法规之外,也应当遵守各国公平贸易法或反托拉斯法等市场法规。在放宽市场管制与广播电视私营化大潮中,跨媒体、跨行业、跨市场、跨国界经营已是大势所趋。通信业的高速发展,使得各国都采取相应措施以应对随之而来的不确定性。

各种国际组织对新闻传播法也有相关规范性文件,例如涉及新闻自由基本权利的《世界人权宣言》《公民权利和政治权利国际公约》等,涉及行业规范的《伯尔尼保护文学和艺术作品公约》《世界版权公约》《欧洲跨国广播电视协议》等。

西方国家认为媒体除包括报刊与广播电视外,还包括电影、录像、网络等其他媒介;但报刊与广播电视是各个国家新闻传播法所规范的主要对象。

第三节 新闻传播与权利侵害

新闻工作者在采写新闻的过程中若行为和言语不当,便有可能对报道或评论的对象构成侵害,通常会损害人格权中的名誉权、隐私权、肖像权等。在本节,笔者将围绕新闻侵权,结合《中华人民共和国民法典》和其他相关法律法规,分析新闻侵权产生的原因、构成要件、抗辩事由,以及侵害名誉权、隐私权、肖像权等人格权的主要方式。

一、新闻侵权概述

新闻侵权往往会导致对当事人人格权的侮辱和损害。根据《中华人民共和国民法典》第一千一百六十五条规定:“行为人因过错侵害他人民事权益造成损害的,应当承担侵权责任。依照法律规定推定行为人有过错,其不能证明自己没有过错的,应当承担侵权责任。”第一千一百六十六条规定:

"行为人造成他人民事权益损害,不论行为人有无过错,法律规定应当承担侵权责任的,依照其规定。"可见,侵权行为就是指行为人由于过错侵害他人的财产和人身,依法应当承担民事责任的行为,以及依法律特别规定应当承担民事责任的其他损害行为①。新闻侵权行为和一般侵权行为一样,都是指不法行为人因其过错侵害了法律所保护的他人的合法权益,造成了对他人损害的行为。新闻侵权主体是合法成立的新闻机构及新闻工作者,侵权客体是人格权,侵权行为和内容是传播主体公开发表的新闻或其他作品对公民、法人的人格权造成的损害。

在我国的新闻法律关系中,首先,新闻机构是独立的民事主体,是独立的法人。《中华人民共和国民法典》第五十七条规定:"法人是具有民事权利能力和民事行为能力,依法独立享有民事权利和承担民事义务的组织。"其次,新闻工作者是因为自己发表新闻作品而导致新闻侵权发生,可见,新闻工作者的行为和发表的内容是构成新闻侵权的主要要件。最后,虽然作为消息来源的个体在新闻传播活动中也处于重要位置,但其给记者提供新闻后,还需记者加工采写后才能成为新闻。消息来源作为新闻侵权主体的这一特征还是较为明显的。综上所述,新闻侵权行为是新闻机构及新闻工作者在新闻传播活动中,以故意捏造事实或过失报道等形式向公众传播内容不当或法律禁止的内容,从而侵害了公民或者法人的合法权益的行为。

在新闻报道的过程中,内容失实、评论不当、暴露隐私、诽谤与侮辱是新闻侵权的几种主要方式。内容失实并不一定必然导致新闻侵权,轻微失实并不一定造成严重的后果,因此,因内容失实构成新闻侵权的其实很少。因内容失实导致新闻侵权纠纷的,往往是严重失实的报道。《中华人民共和国民法典》第一千零二十八条规定:"民事主体有证据证明报刊、网络等媒体报道的内容失实,侵害其名誉权的,有权请求该媒体及时采取更正或者删除等必要措施。"

---

① 王利明,杨立新.人格权与新闻侵权[M].北京:中国方正出版社,1995:445.

公众人物的肖像权保护范围比普通人要小。关于肖像权等隐私侵犯,尤其是关于公共人物隐私的报道,存在几点抗辩事由。媒体进行新闻报道时,可以使用公众人物的肖像,但如果涉及广告宣传等内容,就不能随意使用公众人物的肖像了。首先,在用图像方式报道各种有新闻价值的经济、政治、文化活动,以及社会事件、公众关注的突发事件时,不可避免要出现各种人物的肖像。有些批评性的新闻报道,以照片的形式披露某些从事违反公德或违法犯罪活动的人物形象,显然违背了肖像人的意愿,但这是符合社会公益的,因此肖像权人不得主张肖像权。《中华人民共和国民法典》第一千零二十条规定:“合理实施下列行为的,可以不经肖像权人同意:……(二)为实施新闻报道,不可避免地制作、使用、公开肖像权人的肖像……(五)为维护公共利益或者肖像权人合法权益,制作、使用、公开肖像权人的肖像的其他行为。”其次,新闻媒体报道的事实大多数是在公共场合发生的、具有一定影响的事件,例如公开举行的会议、公开的生产和服务活动等,在新闻报道中公开显示参加者的形象也与他们所从事活动的目的和利益相一致。针对以上情况,报道中只要没有相反表示,应该推定为肖像权人默示同意在新闻报道中可使用他们的肖像。再次,对肖像权人的淡化不构成新闻侵权。有些新闻图片、录像是对大型公开场面的记录,图像上出现的个人只是群体的一部分或是对某个场景的点缀,并不是刻意表现某个特定的个人形象,而人们所看到的也只是某些抽象的“人”,而很少会注意到某个特定的人。这种显示对肖像权人的影响可谓微不足道,肖像权人一般不会也不应主张肖像权。

二、新闻传播活动与著作权

新闻传播活动与著作权密切相关。著作权,即版权,是指自然人、法人或非法人组织按照法律规定就特定智力成果享有的专有权利。著作权的客体是著作权所保护的对象,主体是著作权人,通俗意义上即作者。

著作权的内容包括精神权利(moral right)和经济权利(economic right)两种。在大陆法系中,著作权是基于作品的创作而产生的权利,也就是说,其看重的是精神权利，认为精神权利在著作权中的地位在经济权利之上。在我国，著作权的内容也由作者的精神权利和经济权利共同构成。《中华人民共和国著作权法》也是先规定作者的精神权利，再规定作者的经济权利，把精神权利摆在了更为重要的位置上①。这两种权利相互独立又相互联系。精神权利不能够通过合同、继承而获得，但是经济权利却可以通过以上途径转让。所以，对于一个作品来说，著作权可以由不同主体所拥有。

（一）作者的精神权利

作者的精神权利，又称著作人身权，是指与作者的人身利益紧密相连的，体现作者的人格和精神的一种权利，包括发表权、署名权、修改权和保护作品完整权四项权利。

（二）作者的经济权利

作者的经济权利，又称著作财产权，是指著作权人自己使用或者允许他人在使用作品时而获得经济利益的权利，包括复制权、发行权、出租权、展览权、表演权、放映权、广播权、信息网络传播权、摄制权、改编权、翻译权、汇编权和应当由著作权人享有的其他权利。

因侵犯著作权而需要承担民事责任的情形有两种：一种是当事人不履行合同义务或履行合同义务不符合约定条件的，称为违约责任；另一种则是侵权责任。《中华人民共和国著作权法》第五十二条规定了应当承担民事责任的侵权行为。若侵权行为同时损害公共利益，侵权人还应承担行政责任；构成犯罪的，依法追究侵权人刑事责任。《中华人民共和国刑法》规定了侵犯著作权罪和销售侵权复制品罪②。著作权人的作品在传播过程中，不论借助的是报纸、广播、电视等传统媒体，还是网络等新媒体，在这个过程中，都有可能导致侵权事件的发生。因此，《中华人民共和国著作权法》中有诸多条款是与新闻媒体相关的。

---

① 李明德，许超．著作权法［M］．北京：法律出版社，2009：62．

② 魏永征．新闻传播法教程［M］．5版．北京：中国人民大学出版社，2013：214．

著作权客体制度中,既规定了能够受到著作权法保护的智力成果类型,也规定了排除在著作权法保护范围之外的智力成果类型。根据《中华人民共和国著作权法》第五条规定,在不适用于著作权法的成果中,“单纯事实消息”即是其中之一。“时事新闻”一语外延过于宽泛,因此《中华人民共和国著作权法实施条例》第五条对其进行限缩:“时事新闻,是指通过报纸、期刊、广播电台、电视台等媒体报道的单纯事实消息。”根据该条,“时事新闻”仅指“单纯事实消息”。将单纯事实消息排除在《中华人民共和国著作权法》保护范围之外,一方面是由于单纯事实消息的独创性较低,不能达到著作权法规定的独创性要求;另一方面,使此类消息更为快捷地传播,可满足社会公众了解国家大事和国际形势的需要。

但需要指出的是,在各类报道中,除单纯事实消息不受到著作权法保护外,其他新闻报道,如调查报告、专访、述评等新闻作品,都受到著作权法保护。所以任何人都不得以新闻作品不受著作权法保护为由,随意转播、转载他人的报道或者电视节目。《中华人民共和国著作权法》在第三次修正中,原第五条中的“时事新闻”被改为“单纯事实消息”,更是对此予以明确。同时,新修正的《中华人民共和国著作权法》中还增加了侵权损害赔偿的确定方法,规定了惩罚性赔偿原则,这些都有利于被侵权媒体更好地维护自己的知识劳动成果。

除此以外,《中华人民共和国著作权法》第十条中还规定了人身权的四项基本权利,即发表权、署名权、修改权、保护作品完整权。

近年来,随着移动互联网和移动终端的发展,短视频作为一种视听产品得到迅速普及,版权争议也日益凸显,侵权问题屡禁不止。以未经授权的切条、搬运、速看和合辑等影视作品内容为例,制作者利用受著作权法保护的美术作品、摄影作品、音乐作品、视听作品等,涉及影视综艺、动漫动画、体育及游戏等领域,通过重新剪辑、添加配音或者解说等方式制作完成的二次创作短视频,严重侵犯了创作者的著作权。2019年,中国网络视听节目服务协会发布了《网络短视频内容审核标准细则》及《网络短视频平台管理规范》,对短视频内容提出了更高要求,但是对短视频版权保护涉及较少,对原创短视频进行保护时,在侵权行为的发现、获取与认定方面面临困境。2020 年最新修正的《中华人民共和国著作权法》将"影视作品"更新为"视听作品",从法律上明确短视频著作权的合法地位。

2021 年多家传统影视行业发布联合声明后,中国网络视听节目服务协会发布《网络短视频内容审核标准细则(2021)》,第二十一项"其他违反国家有关规定、社会道德规范的内容"将"未经授权自行剪切、改编电影、电视剧、网络影视剧等各类视听节目及片段的"列入其中。

第四节　新闻报道与国家安全

一、新闻报道与国家安全概述

在 19 世纪初,美国著名报人约瑟夫·普利策曾这样形容新闻媒体:"倘若国家是一条航行在大海上的船,新闻媒体就是船头上的瞭望者。他要在一望无际的海面上观察一切,审视海上的不测风云和暗礁险滩,及时发出警告。"1948 年,拉斯韦尔在论述"传播三功能"时将监测环境列为第一功能,媒体被类比为生物族群中发挥预警作用的"哨兵",是独立于政治共同体外的特定角色。新闻媒体的重要功能之一就是监测环境,即监测我们所处的政治、经济、社会环境,除此之外,还需要发表意见、观点,并以各种方式传递各种信息、思想和主张。在新闻媒体发挥这些功能的过程中,对这些功能有滥用的风险,如传播涉及国家机密的信息等,这就牵涉新闻自由与国家安全之间的冲突问题。国家安全关系着国家的安危,各国无论采取何种政体,都要对国家安全严加保护,因为人民必须在国家存在且能健全运行的前提下,方可能自由地行使其权利,对于危及国家安全或者利益的信息,限制人民知悉既有正当性,也有必要性。

目前很多国家的法律都明确指出故意侵害国家主权、统一、领土完整与安全、国体和政体、国家机能等国家法益就应当受到法律的惩罚。《保护人权和基本自由公约》第十条第一款规定"人人享有表达自由的权利",但第二款即指出"行使上述各项自由,因为负有义务和责任,必须接受法律所规定的和民主社会所必需的程式、条件、限制或者是惩罚的约束。这些约束是基于对国家安全、领土完整或者公共安全的利益,为了防止混乱或者犯罪,保护健康或者道德,为了保护他人的名誉或者权利,为了防止秘密收到的情报的泄漏,或者为了维护司法官员的权威与公正的因素的考虑”。《俄罗斯联邦宪法》第二十九条规定:“保障每个人的思想和言论自由。”但五十五条明言:“人和公民的权利和自由,只能在捍卫宪法制度基础、他人的道德、健康、权利和合法利益、保证国防和国家安全所必须的限度内,由联邦法律予以限制。”《中华人民共和国宪法》第五十四条规定:“中华人民共和国公民有维护祖国的安全、荣誉和利益的义务,不得有危害祖国的安全、荣誉和利益的行为。”《中华人民共和国国家安全法》第七十七条列出公民和组织应履行“遵守宪法、法律法规关于国家安全的有关规定”等七项义务,第八十三条规定,“在国家安全工作中,需要采取限制公民权利和自由的特别措施时,应当依法进行,并以维护国家安全的实际需要为限度”。《中华人民共和国刑法》第二条规定:“中华人民共和国刑法的任务,是用刑罚同一切犯罪行为作斗争,以保卫国家安全,保卫人民民主专政的政权和社会主义制度,保护国有财产和劳动群众集体所有的财产,保护公民私人所有的财产,保护公民的人身权利、民主权利和其他权利,维护社会秩序、经济秩序,保障社会主义建设事业的顺利进行。”

二、与国家安全相关的法律规则

危害国家安全罪有多种表现形式。然而,在信息的传播过程中,主要有两种行为会引起危害国家安全的后果,即煽动和泄密。世界上多数国家都禁止包括新闻工作者在内的信息传播者利用传播媒介进行煽动和泄密。

(一)新闻报道批评监督与煽动的冲突与平衡

所谓煽动,是指通过演讲、文字乃至广播电视、书画等言论方式公然散布虚假的信息,以蛊惑人们产生反常情绪,采取某种不利于社会或他人甚至国家的行为。煽动主要有四个特点:一是表述方式的非理性,即使用浮夸的、情绪化的、蛊惑性的言语;二是内容的非事实性,如虚张声势,夸大其词,攻其一点,不及其余,造谣诽谤;三是直接面对公众,公然散播;四是具有导致反常行为的目的,煽动他人产生反常情绪,采取不利于社会、他人甚至是国家的行为。煽动诽谤政府罪是煽动罪的一种,这种犯罪被认为破坏了国家的安宁和政府的自信。很多国家在不同时期对煽动都有相关的立法,但是,有关煽动立法在其之后的运用中则会与表达自由、新闻自由相冲突。康奈尔大学法学教授科菲特以及锡拉丘兹大学法学教授格什曼否认煽动性诽谤罪会促进新闻真实与社会理性,相反,"煽动诽谤罪就是批评政府的罪……那些诋毁权威形象的人被妖魔化,他们的批评被视为渎神。这种情况下,该学说为政治镇压提供一种法律面具"。在历史上,英国与美国都对煽动罪做过相应比较宽泛的规定,但随后这些规定又被废除。

英国法律史上最早的诽谤罪出现在爱德华一世统治时期。当时爱德华一世授意议会颁行《禁止诽谤公卿法》。该法律规定,任何人都不得引用、公布引起国王与领域之内的臣民之间意见不合的任何虚假消息或者故事[①]。该法律称:"任何人只要传播在国王与臣民及公卿间引起不和谐的假新闻或谣言,或传播有可能增加潜在社会不和谐的假新闻或谣言,应被送进监狱,直到向法院供出(这些假新闻或谣言的)信源。"诽谤罪创立之初并非如其宣称用来惩戒"假新闻或谣言",最早的诽谤罪是煽动诽谤政府罪。《禁止诽谤公卿法》颁布后至宗教改革前300余年间,"煽动性诽谤"随英国封建化加速趋严,诽谤诉讼大约于13世纪成为较为普遍的诉讼,真正的刑事诽谤罪名的出现大约始于14世纪末15世纪初[②]。此时,由星室法庭(Star Chamber,指1487年根据亨利七世制定的法规组织起来的法院,以擅断、酷刑著称,1641年废止[③])管辖的诽谤案件的诉讼规则在刑事领域发展起来。17世纪,星室法庭为了限制人们针对政府、法律、公职人员威望的批评和批判而颁布《煽动诽谤法案》。这一时期的法律特点为使用酷刑,制造恐怖,对煽动叛国和诽谤宫廷的行为,以酷刑惩处。禁止在出版物中诽谤国王、王室和政

① 赵秉志.英美刑法学[M].北京:科学出版社,2010:441.

② 朱文雁.论英国对诽谤的法律规制[D].济南:山东大学,2012.

③ 《英汉法律词典》编写组.英汉法律词典[M].北京:法律出版社,1985:797.

府官员,这维护了封建统治,维护了统治者信息优势的地位,造成了滥用司法的严重后果。

英国资产阶级革命成功,1689年颁布的《权利法案》宣布了臣民享有一系列不可侵犯的权利。1752年,英国书商欧文出售批评政府议会的书刊,以诽谤罪受审,最终陪审团判决欧文无罪;1762年,英国《北不列颠人》杂志的工作人员威克斯在创刊号上提出"报人神圣天职为批评政府"而被捕,最终被判无罪释放。在英美法系中,原有判例对后来判例具有示范性和参照性,主要通过法案和判例保护公民的言论自由。

在现代社会中,各个国家的宪法对保护言论自由作出了规定,所以煽动诽谤政府的范围也就越来越窄。现在,在英美法系的许多国家,对于诽谤罪的公诉案已经非常罕见,建议废除诽谤罪的呼声很高。在《1661年煽动诽谤法案》被分批废除过程中,英国议会先后修订了《1792年诽谤法案》(*The Libel Act 1792*)、《1843年诽谤法案》(*The Libel Act 1843*)、《1952年诽谤法案》(*Defamation Act 1952*)、《1996年诽谤法案》(*Defamation Act 1996*)以及新近颁行的《2013年诽谤法案》(*Defamation Act 2013*)。在实践中,对煽动诽谤政府罪的惩罚并非是对批评政府行为的惩罚,而是对有可能破坏社会秩序、危害国家安全的行为的惩罚。

在15—18世纪的英国和18世纪的美国,煽动诽谤政府的案件非常普遍。美国18世纪的相关法律规定,任何对政府的批评行为或引起公众对政府恶感的言论,都构成煽动诽谤政府罪。1783年英国正式承认美国独立,结束了英国殖民统治,确立了资产阶级政治体制。1791年美国《宪法第一修正案》中阐述了每个人都有言论自由,如果取消了言论自由,那么就取消了新闻自由。言论自由与煽动诽谤政府之间的关系也由此受到很多人的关注[①]。1798年,联邦党人控制国会,打击反联邦党人及新闻界的势力,立法通过《外国人法》和《惩治煽动叛乱法》,把反对联邦政府政策的不同意见作为煽动性诽谤予以刑事惩罚。《惩治煽动叛乱法》规定:任何人发表、出版任

---

① 邱小平.表达自由:美国宪法第一修正案研究[M].北京:北京大学出版社,2015:16-17.

何针对联邦政府的虚假、诽谤性和恶意的言论,都应处 2000 美元以下的罚款和 2 年以下的监禁;运用言论蔑视、丑化总统和国会,或煽动美国人民对总统和国会的仇恨,均为煽动骚乱①。1801 年,这两部法律失效。此后很长一段时间,美国国会一直没有就惩罚言论立法。1918 年修正的《反间谍法》是在美国参加第一次世界大战的背景下制定的。但正如哥伦比亚大学国际法与外交学教授查尔斯·切尼·海德指出的那样,《反间谍法》并非如其名称一样,只针对“间谍行为”,它的规定涉及很多非间谍行为,但对国家极其重要的事项,无论美国是交战状态抑或非战中立状态,该法一律有效。事实上,此法案与间谍活动有关的部分同样被设计得外延极广,以杜绝任何美国政府已发现/未发现的、试图获取有关国防的任何方面的信息犯罪,以及将这些涉及国家安全的信息传达给外国的企图。此举旨在达到下述目的:“当美国处于战争状态时,任何人故意制造,或传达报告,或虚假陈述干扰陆海军的行动或成功,或故意造成或企图导致这些部队不服从、不忠、叛变或拒绝执勤,或故意妨碍招募或征兵服务的,应受惩。窝藏、隐瞒任何有嫌疑成为间谍者的行为构成犯罪。”

第一次世界大战期间和战争结束后,美国政府根据《反间谍法》指控报纸、杂志、书籍发表反战言论的诉讼达 1900 件。第二次世界大战初,国会于 1940 年出台《外侨登记法》(*the Alien Registration Act*),即《史密斯法》(*the Smith Act*)。该法强制所有非公民成年人在政府登记指纹信息,并对某些被认为危害国家安全的言行予以刑事处罚,如有以下行为即被刑事处罚:“以广告、建议、敦促或以任何方式导致美国任何军事或海军部队成员的不服从、不忠诚、叛变或拒绝服兵役”,“向美国军事或海军部队的任何成员传播任何建议、劝告或敦促其不服从、不忠诚、叛变或拒绝的任何手写或印刷制品”,“有意引发美国各级政府被推翻或摧毁的印刷、出版、编辑、发行、流通、出售、分销行为,或公开展览任何以推翻、摧毁美国各级政府为内容或教导、建议、期望上述行为必要性的手写或印刷制品”②。第二次世界大战后,

① 邱小平.表达自由:美国宪法第一修正案研究[M].北京:北京大学出版社,2015:16-17.

② 76th United States Congress[J]. United States Statutes at Large,1940(54):670-671.

该法被用来反对美国共产党。1951 年,在丹尼斯诉美国案中,最高法院维持《史密斯法》合宪。在 20 世纪 60 年代末的勃兰登堡诉俄亥俄州案中,最高法院反对俄亥俄州出台禁止宣传暴力的法令,并确立了"政府不能禁止类似言论,除非它既指导煽动这种行动,也可能付诸实践"。

在我国,与煽动相关的罪名主要包括煽动分裂国家罪,煽动颠覆国家政权罪,煽动民族仇恨、民族歧视罪,煽动暴力抗拒法律实施罪,煽动军人逃离部队罪。此外,我国新闻传播领域的行政法规做出了一系列禁止以言论煽动危害国家的规定。例如《出版管理条例》《广播电视管理条例》《中华人民共和国电信条例》等规定,传播的内容不得包含的内容包括:反对宪法确定的基本原则的;危害国家统一、主权和领土完整的;泄露国家秘密、危害国家安全或者损害国家荣誉和利益的;煽动民族仇恨、民族歧视,破坏民族团结,或者侵害民族风俗、习惯的;扰乱社会秩序,破坏社会稳定等。利用出版物或者其他新闻传播媒介传播危害国家安全的违禁内容,将依法受到刑事处罚或者行政处罚。

划定煽动罪并不是拒绝批评,两者存在区别。从某种角度来说,新闻媒体的批评建议不可以被简单粗暴地视为煽动。新闻工作者在进行舆论监督时的批评性报道,并不是煽动。《中华人民共和国宪法》第三十五条规定,中华人民共和国公民有言论、出版、集会、结社、游行、示威的自由。这是媒体对公共权力实行批评建议的宪法根据,此外宪法还规定了公民拥有提出批评和建议的权利,有提出申诉、控告和检举的权利。煽动罪与非煽动罪主要区别表现在以下方面。其一,是否具有把群众煽动起来分裂国家、颠覆国家政权、破坏民族团结、抗拒法律实施的目的。如果不具有其中的任何一个目的,就不构成煽动罪。如民众对于国家法律、政策,或者对政府工作的失误进行批评建议,或者一起发牢骚,并不具有以上目的,这些言论可以促进政府改进工作,即使有些言论过激,也不构成犯罪。其二,是否具有煽动的行为。一般煽动多是通过捏造不存在的事实或者歪曲事实,进行诋毁。如果没有这些诽谤、造谣,只是针对政府工作中的失误或缺点发表评论,不能视为煽动。如在报纸、网络发表文章对法律政策进行批评,不能被理解为"煽动暴力抗拒法律实施”。其三,在判定煽动民族仇恨、民族歧视罪,煽动军人逃离部队罪时,需要注意的是“在情节严重的情况下,构成此罪”。

(二)新闻报道、知情权与国家秘密的冲突与平衡

知情权是在世界范围内得到承认的一项新的公民民主权利,从其被提出至今已受到广泛认可。“知情权”概念最早由美联社专务理事肯特·库珀在 1945 年的一次演讲中提出,其基本含义是指公民有权知道他应该知道的事情,国家应最大限度地确认和保障公民知悉、获取信息的权利,尤其是政务信息的权利①。曾作为美国最高法院大法官的威廉·道格拉斯曾这样阐述知情权与新闻传播业的重要联系:“新闻传播业在美国宪法体制中占据优先位置,这并不是为了使之能盈利,也不是为了将新闻工作者拨划为一个受优待的阶层,而是为了实现公众的知情权,知情权对公民来说至关重要。”保守国家秘密,显然使新闻媒体的报道空间缩小,在一定程度上会有损于公民的知情权,而保守国家秘密与知情权在现代民主法治国家中,都有存在的必要,因此,对两者间的关系应加以调和。

一方面,保守国家秘密对于国家安全和利益有重大意义,是国家存立的必要前提;另一方面,现代民主政府的有效运作需要民众的参与和监督,需要民众对政府事务的知悉。在这种背景之下,世界上多数国家在“二战”之后逐步确立起了政府信息公开制度。《中华人民共和国政府信息公开条例》第二十三条规定:“行政机关应当建立健全政府信息发布机制,将主动公开的政府信息通过政府公报、政府网站或者其他互联网政务媒体、新闻发布会以及报刊、广播、电视等途径予以公开。”②《中华人民共和国政府信息公开条例》确立了“以公开为常态、不公开为例外”的信息公开原则,国家秘密只是成为免予信息公开的例外情形。《中华人民共和国政府信息公开条例》第五条规定,行政机关公开政府信息,应当坚持以公开为常态、不公开为例外,

---

① 20 世纪 50 年代初,美国新闻界人士因为感到一些官僚阻碍了其对信息的获得,影响到新闻自由,明确地提出了“知情权”的口号,并将自己视为公众知情权的捍卫者,将媒体对于政府行为的报道视为实现公众知情权的重要途径,将知情权的原则作为维护采访权、维护新闻自由的依据。

② 2007 年 4 月 5 日,中华人民共和国国务院令第 492 号公布,2019 年 4 月 3 日,中华人民共和国国务院令第 711 号修订。

遵循公正、公平、合法、便民的原则。第六条规定,行政机关应当及时、准确地公开政府信息。从理论上讲,除国家秘密之外的其他事项,新闻媒体有权知悉、报道。

由于界定为国家秘密的事项是禁止公开传播的,那么,对国家秘密范围的界定将直接影响到一则政府信息是应该公开还是不公开。在我国,国家秘密范围的界定比较模糊,从而使信息公开的范围受到减损。《中华人民共和国保守国家秘密法》第十三条对国家秘密的范围界定如下:①国家事务重大决策中的秘密事项;②国防建设和武装力量活动中的秘密事项;③外交和外事活动中的秘密事项以及对外承担保密义务的秘密事项;④国民经济和社会发展中的秘密事项;⑤科学技术中的秘密事项;⑥维护国家安全活动和追查刑事犯罪中的秘密事项;⑦经国家保密行政管理部门确定的其他秘密事项。同时还规定:“政党的秘密事项中符合前款规定的,属于国家秘密。”不仅如此,除了“国家秘密”,“情报”也属于保护的范畴。这里的“情报”是指关系国家安全和利益、尚未公开或者依照有关规定不应公开的事项。情报有两个特征:①关系国家的安全和利益;②尚未公开或者依照有关规定不应公开。尚未公开是指单位内的资料没有对外公开,如没有标明密级但有“内部使用、严禁外传”等字样的文件、统计资料、电话本等;不应公开是指依照有关规定不能公开,如有关部门规定特殊材料不能向境外提供等[①]。从这些规定可以看出,属于保密范围的内容相当广泛,而且没有严格的界定标准,有可能使一些原来应该公开的政务信息被隐瞒,使公众的知情权受到侵害,削弱政府的公信力。

所以国家秘密的范围要界定得明确清晰,界定得科学合理。当表达自由不是作为一项宪法权利而受到保护时,统治者就可以借用各种“危害国家安全”的借口而对新闻媒体进行控制;但是当表达自由成为公民的宪法权利后,界定“何为危害国家安全”“何为国家秘密”就要受到宪法的制约,法律应当成为维护国家安全、社会秩序及表达自由的武器[②]。当然,当新闻媒体传

---

① 郝英兵.中华人民共和国刑法配套解读[M].北京:法律出版社,2012:146.

② 班克庆.煽动型犯罪研究:以宪法权利为视角[D].苏州:苏州大学,2012.

播信息的自由危害国家安全时,国家有权予以限制和惩罚,但限制和惩罚新闻媒体的权力并不是恣意的,而应当受到法律的限制,从而防止对惩罚权力的滥用。

第五节　媒介融合下的新规制

前文已经就现存的与传播活动相关的法律规范进行了详尽的叙述与分析,在第四节提到了新闻报道与国家安全之间的关系,强调在面对冲突时,国家出台的法律法规对参与新闻报道活动的成员具有一定的约束效力。在媒介融合的背景之下,如何进行新的规范建构成为近年来学者们重点研究的课题。笔者接下来将围绕这一话题展开讨论,探讨新的媒介环境会对媒介规制提出怎样的法律要求。

一、媒介融合对媒介化治理的影响

麻省理工学院的伊锡尔·普尔教授在其著作《自由的技术》中指出,媒介融合是指各种媒介呈现出多功能一体化的发展趋势。20世纪末,媒介融合成为世界媒介产业发展的趋势。21世纪初这一概念被引入国内学界。南京大学丁柏铨教授也曾对其定义,认为媒介融合是新媒体及其他相关因素所促成的媒介间的在诸多方面的相交融合状态。

狭义的媒介融合是指不同传播形式和媒介形态的聚合。广义的媒介融合则包括一切媒介及其有关要素的结合、融合,不仅包括媒介形态的融合,还包括媒介功能、传播手段、所有权、组织结构等要素的融合;不仅包含一切与之相关要素的结合,如文化、体制、技术、内容等,还涉及社会多领域、多行业的跨界合作。

一方面,在新的媒介生态环境下,媒介融合对媒体的新闻生产提出了新的要求,即以技术为支撑寻求新的破圈方法,从而提高主流媒体新闻产品的传播力、引导力、影响力、公信力。另一方面,网络媒体的发展使得传统的传媒产业解构重构,社会的结构形态也产生深刻变革,国家的媒介规制亦面临重大的调整和变革。

媒介融合对媒介化治理的影响具体体现在规制范畴、对象与手段等维度[①]。从规制范畴来看,媒介技术催生了新的传播样态,个体参与内容生产成为可能,同时在对内容进行解码时也伴随着自主性编码,因此媒介规制的范畴不应仅涉及传媒机构本身,亟须扩展到内容生产传播的全流程。从规制对象来看,诸如5G、VR、AR、AI技术驱动了高速发展迭代的智能媒体,也催生了新的内容服务领域,目前对直播带货、游戏直播等新业态缺乏与之相适应的细化的规范建构。从规制手段来看,系统化、规范化、智能化的规范已成为一种严肃诉求,文化场域的话语结构与价值表达日益复杂,泛娱乐化思潮解构着主流话语,失范乱象时有出现。

从新闻生产过程的微观角度来看,媒介融合对传统媒介伦理规范发起了新的挑战,并在一定程度上导致了新闻媒体责任的缺位。以智能新闻生产为例,由于承担责任的主体——人工智能没有价值偏向,因此对虚假新闻的追责便成为媒介监管的空白地带。有学者提到,"算法的无价值性"一直在混淆人们对于人工智能制作的新闻的真实性判断[②]。同时信息遮蔽与算法透明度问题始终以"达摩克利斯之剑"的形态存在,我国原有的媒介伦理法规主要针对专业的新闻从业人员和电视台、报社等传统媒体平台,对于智媒时代的新闻生产模式已不适用,制定针对性的技术规范刻不容缓。

从新闻传播业发展的宏观角度来看,媒介融合也是对体制机制变革的挑战。与西方国家相比,我国政府对新闻传播业采取一种由上至下,单向性运用权力规制的行政化管理方式[③],不同行业之间采取分业管理模式,不同行政区域、不同行业之间壁垒森严;我国的规制机构往往负责行业发展规划,特别是在新闻传播领域,也就是说,规制机构不但要对产业发展负责,还要在新闻宣传和事业建设方面加以干预,容易造成产业利益与行业规制之间的矛盾冲突。此外,产业壁垒难以打破,再加上所有权的归属问题使得广播电视业、电信业之间融合困难,条块分割的管理格局难以顺应媒介跨界

① 刘伟.数字转型背景下的广电视听媒介规制[J].青年记者,2022(16):17-20.
② 刘文杰.算法推荐新闻的法律透视[J].新闻记者,2019(2):22-29.
③ 徐勇.治理转型与竞争:合作主义[J].开放时代,2001(7):26-33.

发展的趋势，媒介资源聚合受限，难以发挥媒体自身的灵活性、开放性与多元性，甚至出现交叉管理、主管部门职能冲突的情况。正如国内学者喻国明等指出，"传统的媒介规制按照单一的基础平台垂直管理，已不再适应于横向交叉的媒介融合现实"①。

美国学者亨利·詹金斯曾言："媒介融合代表的是一种文化转型，是在传统的传播路径和话语权分配方式上进行媒介生态内部'破'与'立'的拉锯。"

作为治理领域的综合性研究，推动媒介化治理深入嵌入国家治理体系和治理能力现代化进程之中，以媒介逻辑助推政治逻辑和社会逻辑的全面拓展与融合不仅是媒介化社会新的媒介技术与社会发展相互形塑与交往的客观要求，同时也是积极应对信息化、平台化、技术化时代到来之际，系统性的政治理念升级、政治话语创新，以及战略性的政治制度调适和政治能力提升的关键举措②。

媒介化治理指向的并非媒介如何嵌入社会治理过程之中，而是一种"媒介规制"的应用取向，是探索媒介何为与治理何往的治理新范式，最终要以治理的媒介化进路及逻辑达成善治目的③，强调的是媒介作为基础设施的作用及其政治功能的发挥，在这种情况下政府不再是唯一的权威主体，而是向融入非强制性的社会契约与认同转变④。媒介规制是指国家采取制定政策、出台法规等方式对媒体经营管理行为进行干预和控制，具体表现为对媒体的生产经营进行禁止、限制或者鼓励⑤，媒介规制在很大程度上属于"治理媒介"所讨论的范畴。在数字技术的驱动下，传统媒体正在向数字媒体转型，催生出新的产品样态、传播方式和消费形态，也在很大程度上推动了媒介规制模式的深刻转型。

---

① 喻国明，苏林森．中国媒介规制的发展、问题与未来方向[J]．现代传播，2010(1)：10－17．

② 姬德强．平台化治理：传播政治经济学视域下的国家治理新范式[J]．新闻与写作，2021(4)：20－25．

③ 陈华明，刘效禹，贾瑞琪．媒介何为与治理何往：媒介化治理的理论内涵与实践路径[J]．新闻界，2022(4)：51－58，84．

④ 俞可平．中国的治理改革(1978—2018)[J]．武汉大学学报(哲学社会科学版)，2018(3)：48－59．

⑤ 强月新，刘莲莲．我国媒介规制的结构、问题及制度性根源[J]．武汉大学学报(人文科学版)，2015(3)：105－109．

一套科学完整的媒介规制是媒介化治理得以开展的基础硬件，因而对媒介化治理的探寻最终不能仅仅停留在实践层面，而应当上升到对既有规制的反思、修正与整合，并通过对新规制的探索与建立，推动媒介化治理走向规范与科学，这也是媒介融合对于当下媒介化治理的最大影响。

二、各国媒介管理比较

媒介融合对传媒产业格局与市场结构带来巨大的冲击与解构，使得以往的传媒治理模式面临着巨大挑战，其中西方发达国家在这方面的实践颇丰。接下来笔者将从几个国家的媒介管理现状出发，探讨其成功经验，以期作为我国实践的参照。

媒介集中度问题历来是西方新闻传播业规制的一个核心问题，媒体不断并购导致大部分的媒体被少数媒体集团或公司所拥有，从而形成一种集中的、垄断式的大众媒体所有权结构。传播政治经济学派认为，所有权集中将会带来内容的商业化取向，从而破坏现有的民主自由。媒介融合不断加速着互联网媒体的崛起，媒体所有者对规模经济的追逐渐趋加剧，媒体所有权的集中也越发明显，各国似乎都在经历一场媒介规制上的变革。

美国是最早开始进行媒介融合的国家之一①，《1934 年电信法案》的颁布与实施是美国新闻传播业发展历程中的一个重要节点，从那时起一直到《1996 年电信法案》颁布之前，美国政府对新闻传播业采取传统分业管理的方式，对媒介所有权进行了严格的限制。由于无线电频谱资源是有限资源，因此美国与跨媒介所有权相关的法规主要集中在经营无线电业务的广播电视媒体上。美国联邦通信委员会（Federal Communications Commission，FCC）通过了多个有关无线广播电视所有权的法规，严格禁止媒介业主在同一地区的市场内同时拥有多种媒介，形成了严格的跨界限制，并由政府出面进行干预调控。《1996 年电信法案》通过之后，该法案以解除交叉禁

① 蔡雯，黄金.规制变革：媒介融合发展的必要前提——对世界多国媒介管理现状的比较与思考[J].国际新闻界，2007(3)：60－63.

入制度为重点，适应媒介融合的具体要求，对《1934 年电信法案》中的诸多限制进行了修正，解除了对电信和媒体之间的跨业经营的限制，即允许电话公司和有线电视业务领域的相互渗透[①]，但是该法案并没放松对传统媒体的所有权管制。目前美国政府仍在积极推动放松管制的相关法案，不仅地方市场的媒介资源将得到整合，而且媒介集团的新闻传播能力也会进一步提高，激发行业内企业开展积极竞争。

美国《1996 年电信法案》通过之后，欧洲媒介集团迫于市场压力，推动了内部的媒介规制变革，于 2002 年批准通过《电子通信网络和服务的共同规章制度的指令》。2003 年 7 月，英国议会根据该指令批准了《通信法》，最大的改革点在于合并成立了英国通信办公室作为新的国家电信及广电行业管制机构。英国通信办公室在具体的组织和运作上具有高度的自主权，完全独立于政府，有利于保障公民权益的最大化，改变了英国广播电视、电信行业多头管理、分散管理的传统，有利于提高对新闻传播业的管理效率，契合了国家信息化建设的具体需要。

今天的媒介融合环境使得网络视频流媒体无孔不入，限制跨媒介并购似乎也毫无意义，反而还造成了传统媒体和新媒体之间的不公平竞争。为了清除阻止媒介融合发展过程中的制度障碍，打造一个自由开放的市场环境，2017 年 9 月，澳大利亚通过了以修改媒体所有权法为核心的媒体改革方案，废除了原有法律中对跨媒体所有权的一系列管制措施，同时通过政府补贴等方式扶持小型独立媒体，鼓励地方性内容生产，推进新闻业更好地服务于公众[②]。澳大利亚之前关于媒介所有权的法律改革力图阻止媒体行业的高度垄断化，但在实施中受到利益集团和各党派力量的掣肘，法律规制政策对于促进媒介产权多样性的作用相当有限。因此该次方案的通过可以看作是利益集团和党派博弈的结果。

---

① 蔡雯，黄金. 规制变革：媒介融合发展的必要前提——对世界多国媒介管理现状的比较与思考[J]. 国际新闻界，2007(3)：60－63.

② 王敏，王毅. 互联网时代西方媒介规制政策的转型与重构：以澳大利亚媒体法律改革为例[J]. 现代传播，2018(6)：9－13.

从全球范围来看,放松对媒体的经济性规制,加强社会性规制,成为西方国家媒体法律变革的总体趋势①,具体体现在以下三个方面。

1. 政府放松对所有权的规制

以往西方国家针对垄断问题的解决方法就是限制媒介形态的数量,以防止同一家媒介企业同时控制多家或多种媒介形态,例如澳大利亚的《1992年广播服务业法案》中提到的“三分之二”原则,规定一家媒介企业在同一个市场中不得同时经营电视、广播和报纸。在媒介融合的影响下,各国政府给予了多元主体参与治理的发展空间,通过放松管制推动技术创新及产品创新。此举在减轻政府压力的同时,也能提高行业的管理效率。

2. 加强行业自律建设

以英国为代表的西方国家在传媒领域内建立了高效自律机制,通过行业足够成熟的自律机制来保证行业发展。与硬性的政府规制相比,行业性组织似乎更能适应日新月异的媒介技术和市场环境。

但需要注意的是,这些国家的社会力量通常都处于比较发达的自然状态,而我国的社会主体自行成长的空间还有待扩展,所以需结合我国的具体国情来考虑如何实现行业的自我规制。

3. 整合性的规制机构

一个相对独立和专门的规制机构能够使新闻传播业得到更有效的监管②。对新闻传播业的规制机构进行整合化处理是世界各国的共识,例如上文提到的英国通信办公室、美国联邦通信委员会就是经整合化处理产生的机构。除此之外,新加坡也早在20世纪70年代就开始着手对传媒规制机构进行整合,于2003年合并了原来的广播管理局、电影和出版物管理局与电影委员会三家机构,成立了媒体发展管理局。这种整合有助于打破不

① 王敏,王毅.互联网时代西方媒介规制政策的转型与重构:以澳大利亚媒体法律改革为例[J].现代传播,2018(6):9-13.

② 丁和根.中西传媒业政府规制行为比较研究[J].新闻与传播研究,2012(6):42-48,110.

同行业之间的区隔，避免分业管理为媒介融合进程带来阻碍与隔阂，继而提高管理工作效率，实现灵活高效的集约化管理。

三、我国新闻传播业的未来发展方向

面对这样一场全球范围内的传媒变革，我国为了跟上时代发展的步伐，亦不断对媒介规制进行着调整和变革。

(一)现有尝试与变革

1996 年，我国成立国务院信息化工作领导小组，核心是针对互联网进行管理；2008 年，我国成立工业和信息化部。总体来看，我们的媒介规制目标在于坚守官方意识形态，并对传媒市场的失衡现象进行干预和控制①。

具体而言，在新闻传播业规制中，体系建设近年来渐趋完善，遵从全领域、全链条、全覆盖的思路，力图实现公共性与商业性的有效平衡。从行业准入、生产规范到内容导向，广播电视和网络视听主管部门采取了一系列具体实践，例如《互联网视听节目服务管理规定》《专网及定向传播视听节目服务管理规定》的出台，以及 2022 年 6 月国家广播电视总局宣布原先网络视听节目的“上线备案号”被“网标”所取代，都显示出对数字视听审批许可的规范渐趋严格。对于网络直播等新业态，国家广播电视总局、文化和旅游部联合印发的《网络主播行为规范》也强调对网络主播加强规范引导。在内容导向方面，近年来国家广播电视总局对“饭圈”乱象、流量至上、低俗媚俗等问题的处置力度也在加大，2021 年被称为文娱行业“合规元年”，一批违法失德的人员及节目被处置。

在自媒体尤其是短视频领域中，目前的规制体系主要包括部门规章、规范性文件和政策等，规制对象包括发布主体、内容以及导向等。中国网络视听节目服务协会发布的《网络短视频平台管理规范》明确指出，网络短视频平台对在本平台注册账户上传节目的主体，应当实行实名认证管理制度。其中较为突出的版权问题也经历了逐渐规制的过程，正如上文所述国家广

① 顾颖.移动互联网下自媒体媒介规制现状及问题浅析[J].传播力研究，2019(28)：115.

播电视总局针对短视频侵权认定的难点,不断完善数字版权管理生态系统。《"十四五"中国电视剧发展规划》强调,"强化电视剧领域知识产权全链条保护……依法依规健全跨行业、跨部门的信用联合惩戒机制",旨在通过严厉惩治侵权行为,建立健康有序的行业秩序和网络版权环境。

此外,通过设立网络视听节目内容建设专项资金扶持优秀内容创作,开展年度优秀网络视听作品推选等一系列扶持项目和评优活动,配合重大主题宣传,发挥示范引领作用,营造良好的舆论环境,推动主流媒体"四力"建设,引导促进精品内容创作生产。

(二)未来发展方向展望

规制变革是媒介融合发展的根本前提,基于我国的现有实践,我国在媒介化治理的过程中依旧存在着管理格局与治理思维等方面的不足,其他国家在媒介规制方面的经验依旧有可借鉴参考之处。下面就媒介融合背景下我国传媒业的法律规制进行讨论。

首先,处理好执政党与传媒机构之间的关系。坚持党管媒体原则,是中国共产党在长期实践中形成的根本原则,为党的新闻舆论工作提供了强大的思想武器。在媒体市场化的背景下,坚持党对于新闻传播业的领导与管制更是新闻舆论工作的根本所在,进而可巩固和壮大主流思想,掌握意识形态斗争的主动权。面对发展新态势与新格局,如何充分发挥新闻媒体的"喉舌"作用,利用媒介资源更好履行党的功能职责,都是影响我国政治安全和意识形态安全的关键。一方面,可以借鉴他国媒体的经验,保障政府对主流媒体以及中小型媒体的政策与财政扶持;另一方面,对媒体机构采取社会性规制,实施严格的把关与考核。

其次,优化新闻传播业管理机构。在媒介融合向纵深发展的趋势下,规制融合(regulatory convergence)及政策融合(policy convergence)能够为建立科学有效的媒介规制体系提供有益思路①。有学者认为,规制融合意味着通过展开一系列顺应媒介技术融合、市场融合和产业融合的媒介规制变

---

① 刘伟.数字转型背景下的广电视听媒介规制[J].青年记者,2022(16):17-20.

革,从而建立一个能够适应所有融合领域的共通的规制框架。早期我国不同类型的媒介受对应部门垂直管理,后来经过一系列合并与重组,减少了不同部门之间的职能交叉,因此以新的管理方式对现行分业管理模式进行补充应是我国媒介融合工作的核心任务。可以考虑借鉴其他国家的横向分层策略,按照生产环节或业务种类进行一些局部的尝试,重新探索建立台网联动的统一管理机制。

再次,完善新闻传播业治理的法律规范。我国目前已经初步建立了中国特色社会主义法治体系,然而在新闻传播业领域的一些规范有较强的"模糊性",给执行者留下很大的解释空间与真空地带。同时,由于儒家思想的影响,礼治、德治和人治在依法治国的过程中依然有不可忽视的影响力。从实现"有法可依"的角度出发,要以完善的法律规范替代行政力量的管控,减少个人主观意愿带来的负面作用,进而增强媒介规制的权威性、稳定性。

最后,充分发挥政府治理职能。俞可平教授提出,虽然治理的观点是多元主体共同参与,但是政府依然是最主要的角色①,要在充分认识政府主体地位的前提下,建立中国特色的多元主体联合规制。在西方,媒介逻辑与政治逻辑处于两条独立的线上,在我国"媒体是国家体制的一部分,是公权力的执行机制之一"②。我国媒体具有"政治上层建筑"和"经济信息产业"的双重属性,无论是从治理对象,还是从治理目的来看,我国媒介化治理的最终目标是为国家和人民的整体利益而服务。网络的复杂性和不可控制性加剧了政府治理难度,单纯依靠政府进行"一元规制"显然不能满足新闻传播业的持续发展,因此可以借助行业自律机制提高媒介化治理的效率,督促媒体做出符合公共利益要求的选择,通过公民的社会参与实现协商治理。在法律法规的保障下,由政府、公民、社会等多元主体共同协商作出自我规约,从而更好地满足公民需要。

在结果实现上,媒介化治理应当以善治为最终导向。早在古代中国,有

---

① 俞可平.中国的治理改革(1978—2018)[J].武汉大学学报(哲学社会科学版),2018(3):48-59.

② 闫文捷,潘忠党,吴红雨.媒介化治理:电视问政个案的比较分析[J].新闻与传播研究,2020(11):37-56.

关善治的理念便已经萌芽,如董仲舒所云:“当更化而不更化,虽有大贤不能善治也。”面临着社会转型与媒体转型的双重压力,如何既保护媒体的公共性,又推进媒体的效益和创新,有效平衡政府、社会、市场三者之间的关系,应成为调整规制时考量的一个关键因素。而从全球范围来看,重新设计适应媒介融合时代的媒介规制框架,是各国都共同面临的挑战。

后记

本书成稿肇端于西安交通大学新闻与新媒体学院2016年开设的“新媒体媒介伦理与法规”研究生课程。更早的文本启发则追至2010年西安交通大学张蓉教授的“媒介伦理与法规”研究生必修课。历时性的观察让我们洞见理论的光辉与不足，但智者的声音与启迪却可以穿透时间的藩篱，带给我们永恒的智慧和不朽的力量。感谢张蓉教授的孜孜教诲与默默付出。

笔者查阅参考了大量的国内外文献，并对同一观点做了不同文本的比较分析、融合剪裁，形成了本书的基本观点和核心结论。感谢众多作者的支持与贡献。

本书凝聚了西安交通大学众多学者的真知灼见和观点理论。李明德教授的批评与指导对于全书的架构与体系形成至关重要。马忠教授对于笔者应用马克思主义理论、毛泽东思想、邓小平理论、“三个代表”重要思想、科学发展观和习近平新时代中国特色社会主义思想给予了关键指导。

笔者借鉴了所有选课学生的反馈与思考。2023级研究生汇报小组关于“元宇宙”伦理风险的反思，在职研究生对于新媒体时代“新闻真实”“记者职业认同”的思考和批判……都给笔者深刻的启发。

本书的其他作者包括王立刚副教授、戴璞聪同学和冯歆老师。他们分工明确、认真负责，为本书的成稿付出了大量时间和精力。

同时，感谢程佳仪、颜睿鸿、魏文韬、黄雨茜、徐佳、尹果、王佳欣等同学的辛勤付出，他们整理了文献和参考资料。感谢陕西省委网信办田苗处长等相关领导，他们为系列丛书的出版给予了支持。

最后，感谢西安交通大学出版社编辑的认真负责，他们是真正的“把关人”和“纠错者”。

时有所限，力有不逮，希望更多的读者给予意见和建议。

蒙胜军写于“味兰书屋”

2024 年 12 月 30 日